História
da Educação Brasileira:
Leituras

Dados Internacionais de Catalogação na Publicação (CIP)
(Câmara Brasileira do Livro, SP, Brasil)

Hilsdorf, Maria Lucia Spedo.
   História da educação brasileira : leituras / Maria
Lucia Spedo Hilsdorf. - São Paulo : Cengage Learning,
2022.

   11. reimpr. da 1. ed. de 2003.
Bibliografia
ISBN 978-85-221-0299-0

1. Educação - Brasil - História I. Título.

02-4097   CDD-370.981

Índices para catálogo sistemático:

1. Brasil : Educação : História 370.981
2. Educação brasileira : História 370.981

História
da Educação Brasileira:
Leituras

Maria Lucia Spedo Hilsdorf

CENGAGE

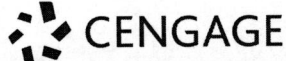

Austrália • Brasil • México • Cingapura • Reino Unido • Estados Unidos

História da Educação Brasileira: Leituras
Maria Lucia Spedo Hilsdorf

Gerente Editorial: Adilson Pereira

Editora de Desenvolvimento: Eugênia Pessotti

Produtora Gráfica: Patricia La Rosa

Copidesque: Janice Yunes

Revisão: Maria Alice da Costa e Heleusa Angélica Teixeira

Composição e Capa: LUMMI Produção Visual e Assessoria Ltda.

Fotografia da Capa: Alunos do Grupo Escolar de Leme (SP), no início da década de 1920, acompanhados do professor e do diretor da escola. Acervo pessoal da autora.

© 2003 Cengage Learning Edições Ltda.

Todos os direitos reservados. Nenhuma parte deste livro poderá ser reproduzida, sejam quais forem os meios empregados, sem a permissão, por escrito, da Editora. Aos infratores aplicam-se as sanções previstas nos artigos 102, 104, 106 e 107 da Lei nº 9.610, de 19 de fevereiro de 1998.

Esta editora empenhou-se em contatar os responsáveis pelos direitos autorais de todas as imagens e de outros materiais utilizados neste livro. Se porventura for constatada a omissão involuntária na identificação de algum deles, dispomo-nos a efetuar, futuramente, os possíveis acertos.

A Editora não se responsabiliza pelo funcionamento dos links contidos neste livro que possam estar suspensos.

Para informações sobre nossos produtos, entre em contato pelo telefone 0800 11 19 39

Para permissão de uso de material desta obra, envie seu pedido para direitosautorais@cengage.com

© 2003 Cengage Learning. Todos os direitos reservados.

ISBN-13: 978-85-221-0299-0
ISBN-10: 85-221-0299-6

Cengage Learning
Condomínio E-Business Park
Rua Werner Siemens, 111 – Prédio 11 – Torre A – Conjunto 12
Lapa de Baixo – CEP 05069-900 – São Paulo – SP
Tel.: (11) 3665-9900 – Fax: (11) 3665-9901
SAC: 0800 11 19 39

Para suas soluções de curso e aprendizado, visite
www.cengage.com.br

Impresso no Brasil
Printed in Brazil
11. reimpr. – 2022

SUMÁRIO

Apresentação VII

Capítulo 1: Os Jesuítas – Catequese e Colonização 1
   1. Nosso Ponto de Vista 3
   2. Visão Quinhentista de Mundo: Duas Diacronias, Dois Projetos 3
   3. Encontro das Diacronias 5
   4. O Lugar da Educação Escolar 6
      4.1 O período heróico 6
      4.2 O período de consolidação 8
   Bibliografia 11

Capítulo 2: As Reformas Pombalinas 13
   1. Nosso Ponto de Vista 15
   2. O Absolutismo Ilustrado 16
      2.1 A Ilustração em Portugal 17
   3. As Reformas Pombalinas da Instrução Pública 19
      3.1 Os estudos menores 19
      3.2 Os estudos maiores 22
      3.3 A ciência pombalina 22
   Bibliografia 23

Capítulo 3: A Ilustração no Brasil 25
   1. Nosso Ponto de Vista 27
   2. Idéias "Afrancesadas" 27
   3. Caminhos da Ilustração no Brasil 29
      3.1 Os alunos 29
      3.2 Os livros 30
      3.3 As sociedades letradas 31
      3.4 Os professores 32
      3.5 A obra joanina 34
   Bibliografia 36

Capítulo 4: A Escola Brasileira no Império 39
   1. Nosso Ponto de Vista 41
   2. O Primeiro Liberalismo 41
   3. O Império Conservador 45
   4. O Segundo Liberalismo 49
   Bibliografia 53

Capítulo 5: As Iniciativas dos Republicanos 55
   1. Nosso Ponto de Vista 57
   2. Um Período de Transformações 57
   3. Os Republicanos e a Educação 60
   4. A Escola Republicana 61
      4.1 Rangel Pestana, educador republicano em São Paulo 63
      4.2 A Grande Reforma da década de 1890 65
   Bibliografia 67

Capítulo 6: As Outras Escolas da Primeira República 69
   1. Nosso Ponto de Vista 71
   2. Os Trabalhadores e a Educação Escolar 72
      2.1 Os socialistas 72
      2.2 Os libertários 73
      2.3 Os comunistas 76
      2.4 O movimento negro 77
      2.5 A escola da rua 78
   3. Os Pioneiros da Escola Nova e os Católicos 79
      3.1 Ensino nacionalista 84
   Bibliografia 85

Capítulo 7: A Era Vargas 89
   1. Nosso Ponto de Vista 91
   2. A Revolução de 1930 92
      2.1 O papel da Igreja e das forças armadas 93
      2.2 O significado da Revolução para a escola brasileira 94
   3. O Estado Novo 98
      3.1 A nova educação 99
      3.2 As "Leis Orgânicas" 101
   Bibliografia 103

Capítulo 8: A Escola Brasileira na República Populista 105
   1. Nosso Ponto de Vista 107
   2. A Redemocratização de 1946 e o Legislativo 108
      2.1 A LDB de 1961 110
      2.2 Um estudo de caso: o Legislativo paulista 111
   3. Populismo: entre a Política Racionalista e a Clientelista 112
   Bibliografia 116

Capítulo 9: Da Ditadura Militar aos Nossos Dias 119
   1. Nosso Ponto de Vista 121
   2. Política Desenvolvimentista e Governo Militar 121
      2.1 A teoria do "capital humano" e os programas internacionais de ajuda
           à educação 123
      2.2 As reformas educacionais de 1968 e 1971 125
   3. A(s) "Década(s) Perdida(s)" 127
   4. A Escola Brasileira Hoje 130
   Bibliografia 134

APRESENTAÇÃO

Escrevi este texto como subsídio de leitura para as aulas de História da Educação Brasileira, importante disciplina dos cursos universitários de formação de professores e outros profissionais do campo educacional. Procurei levar em conta as expectativas múltiplas de professores e alunos que, transitando nessa área de conhecimento, seja em busca de uma visão geral da trajetória da escola brasileira, seja na condição mais específica de pesquisadores de uma dada questão do campo, solicitam uma obra de referência histórica atualizada, problematizada e crítica da instituição que é objeto do seu trabalho. Por isso o livro cobre dos jesuítas aos nossos dias, percorrendo nos seus capítulos a tradicional divisão em Colônia, Império e República, mas com uma periodização própria, cujas subdivisões são autorizadas pelo diálogo entre a bibliografia mais clássica e a produção historiográfica mais recente. Daí também que o texto se ofereça ao leitor sob uma pluralidade de perspectivas, menos como uma exposição didática da história da educação escolar que repassa as mesmas questões ao longo da diacronia e mais como um conjunto de pequenos ensaios, que destacam os pontos mais relevantes da análise para um dado tema do período. Nesse sentido as leituras aqui propostas como atividade de ensino têm um eixo claro: articulam os **resultados de investigações** conduzidas por pesquisadores da História da Educação ou de outras áreas conexas, cujos conceitos enriquecem o fazer do historiador da educação.

Penso que o que mantém a unidade da obra é, de outra parte, ter sido construída sempre nos marcos da **relação escola-sociedade**. Não se trata, portanto, de uma história interna da escola brasileira, que comparece sim, mas não enquanto foco prioritário, o qual está assentado nos fatores externos do político, do econômico, do social, das mentalidades e dos valores agindo sobre a organização escolar. O trabalho interpretativo aqui apresentado deixa ainda a descoberto a investigação da cultura escolar produzida pela escola brasileira no arco de tempo tão longo da sua existência, detendo-se no mais das vezes, na soleira, diante da inevitável pergunta: o que é que a instituição escolar tem feito, no seu cotidiano de práticas, das conflituosas forças socioculturais nas quais está inserida? A opção foi pela visão macroscópica, que enuncia uma tentativa de abrangência e síntese, sem propor uma história evolutiva da educação escolar brasileira.

Na pessoa do professor César Augusto Minto, que generosamente fez a leitura (quase uma revisão) do texto, agradeço as indicações bibliográficas e as sugestões de tópicos encaminhadas por colegas e alunos.

Maria Lúcia Spedo Hilsdorf
São Paulo, junho de 2002.

Capítulo 1
OS JESUÍTAS –
CATEQUESE E COLONIZAÇÃO

Igreja de São Sebastião e o Colégio dos Jesuítas, no Morro do Castelo, Rio de Janeiro.

Capítulo 1

OS JESUÍTAS –
CATEQUESE E COLONIZAÇÃO

1. Nosso Ponto de Vista

A bibliografia tradicional aborda a atuação dos jesuítas em uma vertente **positiva**, destacando o jesuitismo civilizador: vai da década de 30, com a obra do padre Serafim Leite, até a de 60, englobando os que seguem esse historiador oficial da Companhia de Jesus, como Fernando de Azevedo, e os autores que se apóiam em ambos, inclusive a volumosa produção que apareceu por ocasião do IV Centenário de São Paulo nos anos 50. A bibliografia das décadas de 70 e 80 tem uma vertente mais crítica e **negativa**, mostrando o jesuitismo guerreiro. Muitos dos seus autores apareceram no interior da própria Igreja, como Riolando Azzi e Eduardo Hoornaert. Outros vieram de diferentes campos do conhecimento, em particular das ciências sociais, como o antropólogo Luiz Felipe Baêta Neves.

Hoje os estudos adotam uma posição mais equilibrada e procuram ver os jesuítas como homens de seu tempo. Esta é a linha que vamos seguir. Recorrendo a conceitos de diversos campos de conhecimento, vamos construir uma "visão quinhentista de mundo" para poder ver a atuação dos jesuítas a partir do seu próprio tempo histórico.

2. Visão Quinhentista de Mundo: Duas Diacronias, Dois Projetos

O primeiro conceito é o de "cristandade", ou *orbis christianus*, usado por José Maria de Paiva e Luiz Koshiba; significa que na primeira metade do século XVI, em Portugal, Igreja e Estado estão unidos por interesses comuns, que são ainda medievais (tardo-medievais, como diz Alfredo Bosi). Nobreza e clero querem defender a estrutura social tripartite e hierarquizada – os que lutam, os que rezam e os que trabalham – definida pelos teólogos do século XII, e manter seus privilégios, aceitando as restrições da Igreja à acumulação de capital e à livre produção e livre contratação da força de trabalho praticadas pela burguesia. Essa hierarquia configura uma ordenação estamental da sociedade, com grupos fechados, definidos por direitos de sangue, ou seja, uma ordem senhorial, em que ainda predominam os valores **medievais** da fé e da honra pela posse e domínio políticos, sem exploração do lucro.[1] A aliança da aristocracia da espada com o clero é que controla o poder, "faz" a Coroa portuguesa, sem admitir "novos sócios", ou seja, os mercadores burgueses, os quais, por seu lado, pressionam para fazer valer os modernos interesses econômicos do lucro.

A atuação dos jesuítas no século XVI deve ser olhada também à luz do conceito de "missão", trabalhado por Baêta Neves e Hoornaert, que permite inserir os jesuítas na diacronia da Igreja. Hoje percebemos a necessidade de considerar duas diacronias: a da colonização, com o seu projeto invasor, **e** a da Igreja, com seu projeto missionário.

Ou seja, é importante considerar que os jesuítas são a ordem religiosa exemplar do século XVI, marcado por uma aguda consciência da dimensão social e ativa da Igreja. Diferentemente das ordens monásticas medievais que eram receptivas, acolhedoras, passivas em relação aos novos adeptos, e com suas unidades autônomas (os mosteiros e abadias) representavam na Igreja a força dos poderes locais os jesuítas são ativos, missionários, vão ao **encontro** de novos fiéis, fazem catequese e se põem a serviço do Papado, para reforçar a centralização institucional e a unidade doutrinária da Igreja Católica, que estavam sendo definidas no Concílio de Trento (1545-63). Os jesuítas atuam imbuídos de uma missão, de um projeto claramente inscrito na diacronia da Igreja: manter e propagar a fé católica em uma fase em que ela é contestada pela Reforma, pelas religiões orientais e dos povos do Novo Mundo, mas também internamente.[2]

Baêta Neves usa ainda o conceito antropológico de "semelhança" para entender a atuação dos jesuítas no enquadramento da mentalidade quinhentista. Para esse autor os membros da Companhia de Jesus têm um comportamento que procura apagar as **diferenças** entre os homens, porque são as semelhanças que refletem a unidade da criação divina. Ora, apagar as diferenças é o mesmo que negar a alteridade, a existência do Outro. Os jesuítas querem tornar o outro, o não-cristão – seja indígena, seja infiel ou herege –, em cristão, para tornar os homens o mais possível iguais. Daí as práticas do jesuíta missionário e catequista de:

- discurso "universalista", na expressão de Hoornaert, **discurso** que desconhece fronteiras, o Outro, discurso que é invasivo, violento, **guerreiro**;
- **sujeição** do índio às normas e mentalidades do branco, inclusive a sua inserção no trabalho organizado. Mas é importante lembrar, como o faz Koshiba, que sujeição não é escravidão. A primeira é atitude ainda medieval,

---

[1] Segundo Koshiba, "cristandade" é fala religiosa que recolhe uma intenção política de união Igreja-Estado.

[2] Entre 1548 e 1604 saíram para o Brasil 28 expedições de jesuítas. Mas vale lembrar que os jesuítas chegam ao Brasil em 1549; na Índia (Goa), em 1556; na Flórida, em 1567; no Peru, em 1568; no México, em 1576; na Argentina, em 1586; e no Paraguai, em 1588.

do mundo medieval, senhorial, apresentada pelo jesuíta e pela Coroa. A segunda é a atitude do colono: implica lucro, é moderna. Sujeitar implica reconhecimento de uma margem de liberdade espiritual ao índio – o Papa Paulo III havia decretado pela bula *Sublimis Deus*, de 1537, que os índios têm alma – necessária para a catequese, que seria inválida se os índios fossem considerados "feras" ou "coisas";[3]

❑ criação da **Aldeia**, que é o espaço físico e mental estruturado segundo a lógica e a racionalidade do branco para substituir as aldeias indígenas e suas formas culturais, como meio de garantir a total semelhança entre homens brancos e índios. O estudo da Aldeia como forma de dominação cultural foi feito, no caso tupi (o aldeamento), por Baêta Neves; no caso guarani (as reduções), por Maxime Haubert e Clovis Lugon.[4]

3. Encontro das Diacronias

Então podemos dizer que os jesuítas chegam ao Brasil em meados do século XVI para realizar a premissa medieval do primado da fé defendida pela Igreja e pela Coroa portuguesa, a qual sobrepõe os interesses político-religiosos aos interesses econômicos do lucro. Em outras palavras, querer a manutenção do *orbis christianus* explica a mentalidade e as práticas da Coroa portuguesa e da Igreja nos meados do século XVI, quando, associadas, enviam jesuítas e governadores para "tomar posse e povoar a nova terra e converter os gentios" e organizar o trabalho da população local. A ação dos inacianos deve ser vista, na sua origem, em termos pré-burgueses: trata-se, como lembra Koshiba, de povoamento e não de colonização. Colonização acontece quando a "cristandade" é rompida, com o predomínio dos valores econômicos do lucro mercantil sobre os valores político-religiosos da posse, ou seja, quando os cristãos-novos que realizavam o tráfico escravo chegam ao poder, controlando a Coroa portuguesa e instalando o escravismo, a ordem social dos senhores e escravos – o mundo moderno, enfim –, subvertendo o sentido do povoamento, separando as esferas do religioso e do econômico. O 3º governador-geral, Mem de Sá, é quem promove a expansão dos latifúndios escravistas e monocultores (cana-de-açúcar), como representante da força do capital mercantil obtido com o tráfico negreiro. Então podemos dizer que o Brasil torna-se colônia ao redor de 1570.

---

[3] Os escravos africanos são considerados coisas ("peças"); por essa razão é que o tráfico negreiro desarticulará o ponto de vista do jesuíta sobre o negro. Koshiba lembra que, no século XVII, o padre Vieira aceita a escravidão africana como oportunidade de expiação dos pecados dos cativos e o jesuíta Antonil escreve, não sobre o sofrimento do trabalhador escravo, mas sobre o "martírio da cana" (A. Bosi diz: sobre as "lágrimas da mercadoria").

[4] Um clássico estudo dos aldeamentos paulistas do ponto de vista da geografia foi escrito por P. Petrone, em 1965.

Uma das conseqüências dessa interpretação de Koshiba é permitir entender o subseqüente engajamento do projeto missionário e apostólico do jesuíta **no** projeto colonial. Ao redor de 1570 as duas diacronias, da missão e da colonização, vão se encontrar e entrecruzar. Esse engajamento acaba transformando os próprios jesuítas: se não aceitavam a escravização dos indígenas, lutando contra o projeto de "preação" dos colonos, como diz Bosi, acabam por participar do mundo colonial escravista, tornando-se eles próprios agentes colonizadores. Os jesuítas que faziam a defesa dos nativos diante dos interesses predatórios dos colonos, e eram por isso muito influentes no "mundo dos indígenas", ficam desarticulados perante o tráfico negreiro e o africano que já chega escravizado; perdem sua posição de liderança e deixam de ser influentes no "mundo dos engenhos", no qual se tornam mais um dos colonos proprietários de escravos. Nesse sentido os jesuítas também foram **colonizados** (e não somente colonizadores). Hoornaert chega inclusive a dizer que nesse processo eles foram instrumentalizados, vítimas da Coroa colonialista, depois de 1570. Assim os jesuítas foram marcantes na 1ª fase do catolicismo brasileiro, o "catolicismo mameluco", mas não no catolicismo praticado na civilização do açúcar.

4. O Lugar da Educação Escolar

Ao reexaminar as etapas do processo de encontro entre as duas diacronias, vimos que este passa pela atuação dos jesuítas como socializadores e educadores da população. Portanto o tema deve ser recolocado também à História da Educação. Pela discussão apresentada anteriormente, a explicação tradicional do jesuíta como viabilizador da exploração econômica da colônia pelo apaziguamento do indígena e fundador de colégios para filhos de índios e brancos desde a sua chegada ao Brasil, em março de 1549, já **não** satisfaz, pois é genérica e não dá conta da complexidade da questão. Um caminho possível para enfrentá-la seja, talvez, distinguir, como o faz Luís Alves de Mattos, duas grandes fases na atuação dos jesuítas: o período "heróico" (1549-70) e o período de consolidação ou expansão (1570-1759), o primeiro marcado pelas características missionárias genuínas (heróicas, ou apostólicas) e o segundo, pelo "mundo dos colégios"; ou ainda, como proponho em trabalho conjunto com Maria Aparecida Custódio, três estratégias diferenciadas de atuação jesuítica que os missionários avançam sucessivamente, quando a anterior mostra-se problemática.

4.1 O período heróico

O missionarismo heróico significava, para os primeiros jesuítas, viver nas aldeias com os índios e adotar seus costumes, segundo uma visão do índio como "igual", isto é, sem reconhecer a existência de diferentes culturas indígenas, nomeando-os

Capítulo 1: Os Jesuítas – Catequese e Colonização

pelo coletivo "gentio" e desconsiderando a diferença deles em relação aos brancos. Essa representação os convencia de que os índios eram "papel em branco", isto é, registravam sem resistências os ensinamentos dos Evangelhos e da cultura portuguesa. Nessa fase a divulgação da doutrina cristã – a catequese – se fazia por **contato e convencimento**, forma tradicional de aproximação, com visitas, "saudações lacrimosas", mímicas, discursos, presentes. Implicava alianças com os chefes indígenas e a utilização de intérpretes mamelucos, os "língua",[5] para os contatos ocasionais, mantidos nas visitas, ou mais permanentes, quando os jesuítas moravam com eles.

Há adaptação e permeabilidade nos comportamentos de ambas as partes, tanto no plano material das condições concretas de vida quanto no plano simbólico dos ritos e mitos, mas também ambigüidades e simulação da parte dos nativos, como mostrou Hector Bruit. Os jesuítas logo começam a identificar essas formas de resistência entre os índios, levando à mudança na representação dos indígenas, vistos agora pelos jesuítas como "feras bravas", "boca infernal" (antropófagos), "maliciosos" (seres racionais), ou seja, com o reconhecimento (mas não a aceitação) da alteridade indígena, do índio como o Outro. Os padres percebem que a catequese "ensaiada nas naus", segundo os modelos de aproximação e convencimento que eles já desenvolviam na Europa para reconquistar os hereges, não funciona, não dá resultados permanentes, ou seja, ela não resulta em aculturação e conversão. Será necessário inverter as prioridades: primeiro transformar ou suprimir a cultura indígena, para depois ensinar a doutrina.

Os jesuítas alteram, então, suas práticas. Começam a ser experimentados os **aldeamentos** de adultos e os **recolhimentos** de crianças, ou seja, as missões começam a ser organizadas segundo formas institucionais, ao que parece ao mesmo tempo na Bahia e São Vicente, por volta de 1552-53, por iniciativa do padre Nóbrega e com o apoio da Coroa. Na correspondência do período as "casas de meninos" já aparecem citadas como uma promessa de êxito missionário, mais consistente que o trabalho com os adultos por contato e convencimento. A proposta de Nóbrega para elas previa um programa de atividades que incluía o aprendizado oral do português e do contar, do cantar, do tocar flauta e outros instrumentos musicais, do catecismo e da doutrina cristã, além de práticas ascéticas; em seguida, ler e escrever português e gramática latina para os postulantes à Companhia e ensino profissional artesanal e agrícola nas oficinas para os demais. Essa programação com ênfase na oralidade é que provavelmente continuou sendo praticada nos séculos seguintes com as crianças recolhidas nos aldeamentos. Sabemos que nas reduções dos "7 Povos das Missões" **não** havia ensino de técnicas de leitura e escrita, a não ser para alguns dos aldeados.

Recolhimentos ou "casas de meninos" e aldeamentos tinham, segundo L.A. de Mattos, uma base jurídico-administrativa, as confrarias, com bens próprios (terra,

---
[5] Entre os inacianos que dominavam a língua foram notáveis Aspicuelta Navarro, Antonio Rodrigues e Pero Correia.

gado, escravos), e dirigentes locais (ele fala até em "estrutura democrática de gestão"). Podemos pensar que, com essa organização, as confrarias escapavam ao controle centralizado da ordem jesuítica na Europa[6], e por essa razão tenham sido desautorizadas e suprimidas em meados da década de 50. Essa medida explicaria o começo de uma década de **crise** nos trabalhos missionários dos jesuítas visível na correspondência de 1555 a 1565. De fato, o trabalho com os meninos índios nos moldes propostos por Nóbrega foi desencorajado pela Companhia segundo a posição de pauperização franciscanizante dos novos dirigentes Luís de Grã e Diogo Mirão, os quais, depois da morte de Inácio de Loyola em 1556, reorientaram a Companhia para aceitar apenas o encargo espiritual da confissão das crianças e não mais o seu sustento nos recolhimentos, que dependia da posse de bens materiais.

Também o plano dos aldeamentos e recolhimento significava um amargo sucesso para os jesuítas, pois, se implicava sedentarização e aceitação de hábitos de trabalho pelos nativos, transformava-os em alvos da disputa dos colonos, que tinham um projeto de preação e escravização. Para escapar dos jesuítas e dos colonos, tribos inteiras fugiam para o interior, despovoando os recolhimentos e aldeamentos e interrompendo o trabalho catequético. Para os índios o resultado permanente das práticas de homogeneização da Aldeia foi a perda da sua identidade cultural e o desaparecimento ou a marginalização, como mostram os estudos dessas populações vencidas realizados por Florestan Fernandes e Hector Bruit.

Por outro lado, na Europa, a própria Companhia de Jesus estava se **decidindo** pelo trabalho em instituições escolares, ou seja, em colégios de ensino secundário e universidades: em Coimbra, por exemplo, o Colégio das Artes humanísticas, preparatório para a Universidade, passou a ser controlado pelos jesuítas desde 1555.

Desse conjunto de fatores resulta que, quando o trabalho missionário se rearticulou por volta dos fins da década de 60, os jesuítas abrem uma terceira frente de atividades: os **colégios** para os filhos dos colonos.

4.2 O período de consolidação

Instalados nas principais vilas da colônia os colégios foram viabilizados porque, em troca dessa tarefa de educar os meninos brancos, a Coroa, já dominada pela burguesia mercantil, ofereceu para o sustento da ação missionária nessas instituições o recurso da redízima, uma taxa que era arrecadada (geralmente em espécie, ou seja, açúcar) sobre 10% das dízimas que recolhia. No século XVI os primeiros "padrões de redízima" foram aplicados às casas da Bahia (1564), Rio de Janeiro (1568) e Olinda (1576),

---

[6] Hoornaert considera que a causa da não-aceitação dessa autogestão de Nóbrega está ligada ao direito de padroado da Ordem de Cristo, fundada em 1420, e que, desde 1442, fora encarregada pela Coroa de financiar as atividades da Igreja, provendo os cargos eclesiásticos e ficando com os recursos dos dízimos pagos.

transformando-as, então, em colégios para oferecer gratuitamente ensino secundário de humanidades, como se fazia na Europa, para a clientela letrada. Juridicamente os colégios deveriam receber alunos a título de atividade missionária, estando abertos a todos, mas, na prática, assumindo a ruptura da colônia, os jesuítas ficavam apenas com os alunos brancos, recusando os mestiços, mamelucos e índios, com a justificativa de que seu propósito era formar os padres da Companhia.

Os colégios de ensino secundário ofereciam o plano de estudos definido no documento *Ratio Studiorum*, de 1599, acompanhando a programação dos demais estabelecimentos dirigidos pela Companhia de Jesus em outras partes do mundo, segundo os padrões humanístico-tridentinos dos séculos XVI e XVII.[7] Um colégio jesuíta modelar abrangia aulas de gramática latina, humanidades, retórica e filosofia, em uma gradação de estudos que, se cumprida integralmente, depois de oito ou nove anos de freqüência, levaria à formação do letrado.[8] Para Laerte R. de Carvalho os autores lidos nos colégios da colônia em fins do século XVI eram os mesmos do Colégio de Évora: obras de Cícero, César, Ovídio, Quinto Cúrcio e Sêneca, a *Eneida* de Virgílio, a *Arte da Gramática Latina* do padre Manuel Álvares a *Arte da Retórica* do padre Cipriano Soares. No entanto, sabemos que esse currículo era dado de forma intermitente, dependendo da existência ou não de padres-mestres e alunos no colégio; e se os alunos que vinham para esses colégios não sabiam ainda reconhecer os caracteres latinos – pois o tupi era a língua falada no cotidiano de todas as capitanias – abria-se também uma aula ou classe de ensino de leitura, de escrita e de contas em português.

L. A. de Mattos diz que, nessa fase de atuação nos colégios, o jesuíta estava desligado da realidade social brasileira, com perda do caráter missionário apostólico, heróico e aceitação do papel de assistência aos colonos, papel que era desvalorizado pelos próprios inacianos nos primeiros anos, nos "tempos heróicos": na correspondência das primeiras décadas, os missionários **rejeitavam** o "viver em poltronas", isto é, confinados nos colégios. Pode-se dizer que a Companhia passara a funcionar segundo padrões culturais e pedagógicos supranacionais, que inseriam os meninos da colônia no mundo ocidental e, reciprocamente, punham em circulação, aqui, as representações e práticas educacionais e culturais do além-mar.

Baêta Neves também estudou as formas de dominação cultural praticadas pelos jesuítas nos colégios e percebeu que, em comparação com as formas culturais da Aldeia, havia ainda mais rigidez e impermeabilidade: nos colégios, para aculturar seus alunos brancos, os jesuítas usavam as formas da tradição, da repetição, da disciplina rigorosa com castigos físicos, da reclusão, da repressão e da exclusão.

---

[7] Cf. Hilsdorf (1998).
[8] E acrescida da teologia, à do padre da Companhia.

A expansão desses colégios **nos** séculos XVII e XVIII pode ser percebida no quadro a seguir:

Capitanias	Colégios em 1585*	Colégios em 1759**
Itamaracá	—	—
Pará	—	❏ Colégio "Santo Alexandre" em Belém ❏ Seminário em Vigia
Pernambuco	❏ Colégio em Olinda (aulas de ler e escrever + gramática)	❏ Colégio "N. Sra. do Ó" em Recife
Maranhão	—	❏ Colégio "N. Sra. da Luz" em S. Luís ❏ Seminário ❏ Casa-colégio em Alcântara
Piauí	—	❏ Seminário
Paraíba do Norte	—	❏ Colégio ❏ Seminário
Ceará	—	❏ Seminário em Aquirás ❏ Casa-residência em Paupina
Bahia	❏ Colégio em Salvador (aulas de ler + escrever + contar + gramática latina + humanidades + retórica + filosofia + lições de casos + teologia)	❏ Colégio "Todos os Santos" em Salvador ❏ Seminário em Cachoeiro ❏ Noviciado em Jiquitiba
Ilhéus	❏ Casa (aulas de ler e escrever)	❏ Casa-colégio
Porto Seguro	❏ Casa (aulas de ler e escrever)	❏ Casa
Espírito Santo	❏ Casa (aulas de ler e escrever)	❏ Colégio "S. Tiago" em Vitória
Rio de Janeiro	❏ Colégio (aulas de ler + escrever + gramática latina + casos de consciência)	❏ Colégio "S. Sebastião"
S. Vicente	❏ Casa de S. Vicente/Santos (aulas de ler e escrever) ❏ Casa de Piratininga	❏ Colégio "S. Miguel" em Santos ❏ Casa em S. Vicente ❏ Colégio "Sto. Inácio"[9] em São Paulo
Minas Gerais		❏ Casa em Mariana ❏ Seminário em Mariana
S. Pedro do Rio Grande	—	❏ Colégio em Paranaguá ❏ Colégio em Desterro
Colônia do Sacramento	—	❏ Casa-colégio

* Fonte: Anchieta ("Informações", *in* CARTAS)   ** Fonte: R. Wrege (1993)

---

[9] Este estabelecimento teve suas atividades suspensas em 13/7/1640, quando os colonos invadem-no devido ao interdito do tráfico de índios com penas canônicas, decidido pelo Papa Urbano VIII, e expulsam os cinco padres (Nicolau Botelho, Antonio Ferreira, Antonio de Mariz, Mateus Aguiar e Lourenço Vaz) e quatro irmãos (Domingos Alves, Pucui, Antonio Gonçalves e Lourenço Rodrigues) que aí estavam. Os jesuítas voltam em 1653. Mas, a despeito do que se costuma dizer, na maior parte da sua trajetória ele funcionou como uma "casa de meninos", e não como um colégio completo. E como se vê, nem se chamava São Paulo...

Bibliografia

Aa.Vv. *Cartas jesuíticas*. 3 vols. Belo Horizonte/São Paulo: Itatiaia/ Edusp, 1988.

ALVES DE MATTOS, L. *Primórdios da educação no Brasil: o período heróico*. Rio de Janeiro: Aurora, 1958.

BAÊTA NEVES, L. F. *O combate dos soldados de Cristo na terra dos papagaios*. Rio de Janeiro: Forense-Universitária, 1978.

BOSI, Alfredo. "As Flechas Opostas do Sagrado". *Dialética da colonização*. São Paulo: Companhia das Letras, 1992.

BRUIT, Hector H. "Derrota e Simulação: os Índios e a Conquista da América". *D.O. Leitura*, 11 (out. 1992): 4-7.

CARVALHO, L. R. de. "Ação Missionária e Educação". Holanda, S.B. de (org.). *História geral da civilização brasileira*, v. 1. São Paulo: Difel, 1960.

CHATEAU, J. (org.). *Os grandes pedagogistas*. São Paulo: Nacional, 1978.

CUSTÓDIO, M. Ap. e HILSDORF, M. L. "O Colégio dos Jesuítas de São Paulo: que não era Colégio nem se chamava São Paulo". *Revista do Instituto de Estudos Brasileiros-USP*, 39 (1996): 169-180.

FERLINI, V. L. A. *A civilização do açúcar*: séculos XVI a XVIII. 4ª ed. São Paulo: Brasiliense, 1987.

FULLOP-MÜLLER, R. *Os santos que abalaram o mundo*. 7ª ed. Rio de Janeiro: José Olympio, 1968.

HANSEN, J. A. "O Nu e a Luz: Cartas jesuíticas do Brasil-Nóbrega, 1549-58". *Revista do Instituto de Estudos Brasileiros-USP*, 38 (1995): 87-120.

HAUBERT, M. *Índios e jesuítas no tempo das missões*. São Paulo: Companhia das Letras/Círculo do Livro, 1990.

HILSDORF, M. L. S. *Pensando a educação nos tempos modernos*. São Paulo: Edusp, 1998.

KOSHIBA, L. "Sobre a origem da colonização do Brasil". *Textos 2*. Araraquara: FCL-Unesp, 1990.

LUGON, Cl. *A República "comunista" cristã dos guaranis (1610-1768)*. 3ª ed. Rio de Janeiro: Paz e Terra, 1977.

MESGRAVIS, Laima. *O Brasil nos primeiros séculos*. São Paulo: Contexto, 1989.

MONTEIRO, J. *Negros da terra*. São Paulo: Companhia das Letras, 1994.

PAIVA, J. M. de. *Colonização e catequese*. São Paulo: Cortez e Autores Associados, 1982.

PETRONE, P. *Aldeamentos paulistas*. São Paulo: Edusp, 1995.

PRIORE, M. Del. "O papel branco, a infância e os jesuítas na colônia". Priore, M. Del (org.). *História da criança no Brasil*. São Paulo: Contexto, 1996.

RAMINELLI, R. "Eva Tupinambá". Priore, M. del (org.). *História das mulheres no Brasil*. S. Paulo: Ed. Unesp/Contexto, 1997.

SERAFIM LEITE, Pe. *História da Companhia de Jesus no Brasil*. Lisboa/Rio de Janeiro: Portugália/Civ. Brasileira, 1938-50.

WREGE, Rachel S. *"A Educação Escolar Jesuítica no Brasil-Colônia: uma leitura da obra de Serafim Leite"*. Campinas: FE/Unicamp, 1993.

Capítulo 2
As Reformas Pombalinas

Colégio dos Nobres, segundo gravura publicada no *Jornal de Bellas Artes* ou *Mnemósine Lusitana*, nº XXVI, no ano de 1817.

Capítulo 2
AS REFORMAS POMBALINAS

1. Nosso Ponto de Vista

A identidade de propósitos e interesses entre a Coroa portuguesa e a Companhia de Jesus, que tinha sustentado a ação dos jesuítas desde os meados do século XVI, desmancha-se em meados do século XVIII, quando os jesuítas passam a ser **recusados** pela parcela ilustrada da sociedade portuguesa, tanto como grupo religioso quanto como colonizadores e educadores. Quando a Ilustração torna-se a mentalidade dominante com a subida de Pombal e seu grupo de "estrangeirados" ao poder, em 1750, ocorre a expulsão dos jesuítas e, no âmbito da educação escolar, a reformulação do sistema de ensino da metrópole e das colônias.

Isso significa que vamos olhar a escola brasileira colonial da segunda metade do século XVIII não como um produto reativo – "o preenchimento de um vazio provocado pela expulsão dos jesuítas", como diz geralmente a bibliografia –, mas como manifestação da crise do Antigo Regime português e do encaminhamento intencional que a ela deu Pombal no âmbito do Absolutismo Ilustrado, com a transferência do controle da educação escolar da Companhia de Jesus para o Estado português. Essa perspectiva já esclarece, por outro lado, que estamos diante de um movimento **reformista**, como bem evidenciou Laerte Ramos de Carvalho no seu trabalho pioneiro *As Reformas Pombalinas da Instrução Pública*: o Absolutismo Ilustrado, ou Despotismo Esclarecido, tem um alcance mais restrito que o liberalismo político, este sim a conseqüência mais radical, mais revolucionária, a herança mais genuína da Ilustração. Aliás, pode ser apontada uma correlação interessante entre maior ênfase nas práticas ilustradas e menores conquistas políticas e vice-versa. Isso nos ajuda a entender a Revolução Francesa de um lado e, de outro, as monarquias absolutistas ilustradas de países, como Portugal, e as suas respectivas conquistas nos campos **político** e **prático**.

2. O Absolutismo Ilustrado

Para entendermos o conceito de Absolutismo Ilustrado vamos nos apoiar nas obras de Francisco José C. Falcon. Segundo este autor o regime do Absolutismo Ilustrado pode ser visto como o encontro de uma política e uma economia (a absolutista) com uma cultura (a das Luzes), definindo em relação ao Estado Absolutista Clássico do Antigo Regime um novo modelo, o Estado Absolutista Ilustrado do século XVIII. O estado absolutista clássico é a monarquia do "direito divino", em que Estado e Príncipe (governo) se identificam (*"L'Etat c'est moi"*, dizia Luís XIV); o ilustrado é a monarquia do "direito natural", no qual o Príncipe é **servidor** do Estado ordenado e burocratizado pela "razão ilustrada" para garantir "a felicidade e o bem-estar dos súditos". No Absolutismo Ilustrado ainda prevalecem as "razões de Estado", características do Antigo Regime (pois os direitos individuais somente serão proclamados pelo liberalismo), mas é um Estado que procura conciliar a autoridade com os direitos naturais dos súditos e, assim, garantir-lhes a prosperidade. Nesse sentido o Príncipe desse Estado deve e pode realizar **reformas**, já que ele próprio é um Príncipe ilustrado, iluminado, educado pelos *philosophes* que lhe ensinaram a aceitar os princípios de:

- poder da razão crítica, que busca a verdade natural;
- secularização, que procura explicar o homem na sua imanência e não na sua transcendência;
- otimismo antropológico, que leva à crença no progresso e no poder da educação para mudar a sociedade;
- ação educativa pelas leis, pela legislação promulgada pela Estado.

Daí a prática reformista do Estado Absolutista Ilustrado, que vai se apoiar no (e ao mesmo tempo reforçar o) pragmatismo racionalizador das Luzes, ou seja, a vertente iluminista que projeta **aplicar** as Luzes à vida social, política, econômica e cultural (em contraste com o futuro Estado liberal, que irá acentuar e desenvolver a discussão dos princípios ilustrados).

Podemos apontar como práticas ilustradas em Portugal o centralismo, o burocratismo e o regalismo (subordinação da Igreja ao Estado) no campo político, o mercantilismo tardio e o fisiocratismo no campo econômico e a secularização e estatização, no campo cultural. Elas serão desenvolvidas por Pombal para completar a substituição do "Estado da espada e da cruz" do século XVI, cuja estrutura social estamental era dominada pela nobreza conquistadora e pelo clero, e manter sob controle o "Estado da indústria e do comércio", dominado pela burguesia mercantil desde os meados do século XVIII. Os jesuítas estarão no centro dos debates desse projeto de reconfiguração porque tinham, como diz Falcon, posição sobranceira na esfera eclesiástica e quase monopólio na esfera cultural e educacional: redefinindo o campo de ação do Estado no sentido de assumir a administração, a justiça, a assistência e a educação, o governo ilustrado de Pombal vai praticar um **antijesuitismo** violento, identificado como "a luta em prol da afirmação de uma autoridade real, civil, laica, sobre uma autoridade eclesiástica que viera até então mantendo e ampliando sua influência e seu controle (...) sobre a sociedade e o Estado".[1]

2.1 A Ilustração em Portugal

Em Portugal, o aparecimento das marcas ilustradas pode ser percebido já na primeira metade do século XVIII, acompanhando o que aconteceu em outros lugares, pois a "onda iluminista" européia se deu entre 1740 e 1770. Entre 1700-50, aliás, Portugal vivencia um período singular, em que coexistem **duas diacronias**: o Antigo Regime e, ao mesmo tempo, a sua contestação pelos primórdios do pensamento ilustrado. Ou seja, Portugal experiencia, simultaneamente, o esplendor barroco da corte de D. João V (que reinou entre 1706 e 1750) e o rompimento com o barroco realizado pelos neoclássicos ilustrados, que vão se tornar dominantes no reinado de D. José I (que reinou entre 1750 e 1777). Sustentado pelo afluxo aurífero proveniente da colônia (1699-1760), o reinado de D. João V foi marcado pelo terrorismo inquisitorial, pelos excessos, pela vida de fantasia simbolizada na hipérbole barroca. Ao mesmo tempo, os adeptos das novas correntes de idéias seculares e modernas, conhecidos como "estrangeirados" pelos contatos e adesão que tinham com a cultura ilustrada de outros países europeus, exibiam um estágio mental de necessidade de mudanças e de apego ao real, visceralmente hostil ao provincianismo cultural e político e ao domínio do pensamento jesuítico-tomista, e adepto do padrão estético claro e racional do neoclassicismo.

Essa vertente ilustrada aparece em Portugal, segundo Falcon, na trilha aberta pela ação de diversos grupos, inclusive da aristocracia, o que reforça a colocação historiográfica mais atual de que a Ilustração não foi um movimento apenas burguês,

---

[1] *A Época Pombalina*, pp. 424-5. Nessa obra Falcon não fala especificamente sobre o conflito mercantil entre a Coroa e os jesuítas missionários no Brasil, mas ao tratar a época pombalina como uma conjuntura histórica que articula três elementos, a problemática ibérica, o movimento ilustrado e o mercantilismo, deixa claro o caráter mercantil e os interesses econômicos do governo pombalino no conflito com os jesuítas.

mas daqueles que, burgueses ou não, criticavam e rompiam com o Antigo Regime. Falcon aponta os seguintes pólos de **penetração** da vertente ilustrada em Portugal:

- uma família aristocrática, os Ericeira, que desde fins do século XVII patrocina um círculo de discussões filosóficas e literárias de autores modernos, fosse promovendo as conferências de Rafael Bluteau, o autor do primeiro *Dicionário Latino-Português* e difusor do pensamento cartesiano e das novas ciências naturais e exatas, fosse patrocinando a fundação da Academia dos Generosos (1717), que dará origem à Academia Portuguesa (1721);

- o rei, que funda a Academia Real de História (1720), cujos membros realizavam estudos de engenharia militar, cartografia e astronomia (inclusive fizeram o *Novo Atlas do Brasil*, em 1722); que traz padres matemáticos que difundiram as idéias de Descartes e cientistas que divulgaram a aplicação dos estudos de Newton e Bacon no campo das ciências naturais e da medicina, e cujo princípio empirista do homem como produto de sua educação, posto em circulação por Locke, vai influenciar no aparecimento do livro de Martinho de Pina e Proença, *A Educação dos Meninos Nobres*, em 1734;

- os padres oratorianos, seguidores de Descartes e defensores de um conteúdo moderno de estudos, com o ensino de línguas "vivas", da língua materna, da geografia e história pátrias e das ciências naturais. Eles estavam atuando em Portugal desde 1668, mas na década de 1740 ganham a proteção do rei, que concede aos seus colégios os mesmos direitos e privilégios dos colégios dos jesuítas: de preparar seus alunos para as universidades.

Esse percurso se completa – e ao mesmo tempo se explica – pela atuação das grandes figuras da Ilustração portuguesa, Verney e Ribeiro Sanches, que pensam as condições do Portugal moderno, isto é, ilustrado, nos meados do século XVIII. Luís Antonio Verney, que vivia exilado na Itália, é o "estrangeirado" cuja obra, segundo Falcon, marca a divisão entre o Portugal barroco do Antigo Regime e o novo Portugal dos ilustrados. Ao publicar em 1746-47 o seu livro *O Verdadeiro Método de Estudar*, no qual critica as diversas disciplinas que eram ensinadas nos colégios secundários e nas universidades da época e defende a importância da prática das ciências modernas e do método empírico-indutivo de Locke e Newton, Verney abre polêmica contra os jesuítas humanistas-aristotélico-tomistas e, ao mesmo tempo, contra os oratorianos seguidores de Descartes e Gassendi.

Antonio Ribeiro Sanches, médico "estrangeirado", publicou em 1760 as *Cartas sobre a Educação da Mocidade*, nas quais pregava a necessidade de se ter um ensino controlado pela Coroa em escolas superiores que formassem as elites econômicas e sociais. Apoiando a ação reformadora de Pombal, vai influenciá-lo no que concerne ao ensino da medicina e das ciências naturais.

3. As Reformas Pombalinas da Instrução Pública

3.1 Os estudos menores

De conformidade com os princípios do Absolutismo Ilustrado, Pombal vai editar, desde meados da década de 1750, um **conjunto** de medidas[2] para afastar os jesuítas de seus cargos nas cúpulas administrativa e eclesiástica do reino e instituir novas

---

[2] Cronologia das reformas pombalinas:
21/09/1757 – Jesuítas dispensados do cargo de confessores da família real.
08/02/1758 – Idem encargos das aulas de Lisboa.
07/06/1758 – Idem confessores da cúpula eclesiástica de Lisboa.
17/08/1758 – Idem da direção das escolas dos aldeamentos do Pará e Maranhão.
19/01/1759 – Reclusão e seqüestro dos bens dos jesuítas de Lisboa.
05/02/1759 – Fechamento de sete escolas elementares de Lisboa.
19/05/1759 – Criação da Aula de Comércio.
28/06/1759 – Fechamento dos colégios dos jesuítas e criação das aulas avulsas de gramática latina/grega/hebraica, retórica e filosofia.
06/07/1759 – Indicação do Diretor-Geral dos Estudos e determinação dos concursos para professores.
29/07/1759 – Edital do primeiro concurso.
03/09/1759 – Expulsão geral dos jesuítas.
08/11/1759 – Instruções para os professores de aulas secundárias.
20/12/1759 – Proibição do uso dos livros dos jesuítas.
11/01/1760 – Regulamentação dos concursos.
25/02/1761 – Desapropriação dos bens dos jesuítas.
07/03/1761 – Transformação do Colégio das Artes em Colégio dos Nobres.
02/04/1762 – Criação de Aula de Artilharia em S. Julião da Barra.
05/04/1768 – Criação da Real Mesa Censória.
30/09/1770 – Determinação do estudo de gramática portuguesa nas aulas de gramática latina.
23/12/1770 – Criação da Junta da Providência Literária.
04/06/1771 – Atribuição dos estudos menores à Real Mesa Censória.
22/05/1772 – Diretrizes para o estudo do grego.
08/08/1772 – Aprovação dos novos Estatutos da Universidade.
18/08/1772 – Criação do Colégio Real de Mafra.
28/08/1772 – Publicação dos novos estatutos da Universidade de Coimbra.
06/11/1772 – Lei e Mapa dos estudos menores e Instruções aos professores.
10/11/1772 – Criação do Subsídio Literário.
04/09/1773 – Instruções sobre o Subsídio.
17/10/1773 – Idem para o Brasil.
11/11/1773 – Criação de novas aulas avulsas e regulamentação do ensino particular.

práticas culturais e pedagógicas nas instituições e no cotidiano da população. Em inícios de 1759, providencia o fechamento de sete escolas elementares em Lisboa que estavam sob a responsabilidade da Companhia de Jesus. Em 28/6/1759 fecha os colégios jesuíticos em todo o reino e funda, nas cabeças de comarca, **aulas régias avulsas** secundárias – para meninos – de gramática latina, grega e hebraica, de retórica e de filosofia, a serem preenchidas por professores escolhidos em concurso público e pagos pelo Erário Régio, portanto, contratados como funcionários do Estado.

Vê-se que Pombal não cria, nesse momento, aulas de primeiras letras: vai fazê-lo depois, em 1772. Qual a razão? Talvez porque, na prática, as aulas elementares não estivessem nas mãos dos jesuítas, como as secundárias e as universitárias, mas fossem ministradas, como mostrou Francisco Adegildo Férrer, pelos professores particulares leigos, pelos oratorianos e membros de outras ordens religiosas e pelos professores pagos por impostos municipais, regulares ou sazonais.

A nova **metodologia** a ser adotada nessas aulas secundárias foi explicitada nas "Instruções" de 28/6/1759. Com a nova orientação prescrita nesse texto, baseada em princípios de pedagogistas como Quintiliano, Locke, Rollin, Fénelon e o jansenista Lancelot, além de Verney, mudam-se os programas e os métodos de ensino: em gramática latina, ao invés de focalizar o estudo da língua, como nos jesuítas, focaliza-se a cultura clássica, a "latinidade", ou seja, retomam-se os cânones estéticos de clareza, simplicidade, racionalidade e economia do classicismo pré-jesuítico dos séculos XV e XVI (daí o padrão neoclássico das produções da época pombalina). Por sua vez, o estilo clássico praticado nos colégios dos jesuítas entre os séculos XVI e XVIII passa a ser considerado uma deturpação. O resultado foi a proposição de um método novo de aprender latim, mais resumido e mais **simplificado** (passando, por exemplo, de cerca de 250 regras de sintaxe para cerca de 15) e **indireto**, isto é, ensinado via língua materna, como já se praticava na Europa não jesuítica, desde o século anterior, por influência justamente daqueles autores modernos[3] citados nas "Instruções".

A ilustração pombalina põe acento também no que é nacional: já vimos que ele quer construir o moderno império português. Daí a ênfase dada ao estudo da gramática da língua **portuguesa**, que passa a ser ensinada também nas aulas de latim. Essa medida implicou, para a colônia, proibição de se falar a língua geral, o tupi.

Mudam-se os **compêndios**, sendo proibidos os livros dos jesuítas (como a *Arte Latina*, do Padre Manuel Álvares, e a *Prosódia*, de Bento Pereira) e prescritas cartilhas e gramáticas da língua portuguesa e da língua latina compostas e impressas segundo o novo método simplificado (como a *Gramática Portuguesa*, de A. J. Reis Lobato, de 1771, a *Arte Latina*, de A. Felix Mendes, de 1737, a *Arte Latina*, do oratoriano Antonio

---

[3] Cf. Hilsdorf (1998).

Pereira de Figueiredo, de 1752). Aparecem também as obras selecionadas de autores latinos e gregos (por exemplo, a *Seleta Latina*, de Pierre Chompré, em seis volumes, de 1752-61, e a *Seleta Grega*, de Custódio de Oliveira, de 1773-76), que ofereciam excertos selecionados e graduados em substituição às práticas de se ler diretamente os autores clássicos, como se fazia nos colégios jesuítas. Nas aulas de filosofia usam-se textos de Verney, Genovesi e outros divulgadores do método científico-indutivo, fazendo da "filosofia natural", isto é, da física, a disciplina central do curso, no lugar da moral prática ou "lição de casos de consciência", que era a disciplina central do currículo filosófico dos jesuítas.

No caso das aulas elementares para meninos, criadas em 1772, além da ortografia, da gramática da língua nacional e da doutrina cristã, seus professores deveriam ensinar a história pátria (e não apenas a história sagrada, como era praxe), a aritmética aplicada ao estudo de moedas, pesos, medidas e frações e, ainda, as normas de civilidade, visando a formação do homem polido, isto é, civilizado, "ordenado" segundo os costumes sociais, como era de uso em colégios e escolas de toda a Europa. Para as lições de doutrina cristã foi impresso o *Catecismo* da diocese de Montpellier, traduzido pelo Bispo de Évora (1765), texto, aliás, condenado por Roma sob a acusação de jansenismo, mas que, tendo uma orientação regalista, era amplamente aceito no período pombalino.

Ainda em relação à sistematização do ensino de nível elementar e secundário "útil aos fins do Estado", reivindicado pelos "estrangeirados" ilustrados, Pombal cria, em 19/5/1759, uma Aula de Comércio para formar o "perfeito negociante", que ensinava, entre outras disciplinas, caligrafia, contabilidade, escrituração comercial e línguas modernas. Em 7/3/1761 reforma o Colégio das Artes de Coimbra, que dava acesso aos cursos da Universidade e era controlado pelos jesuítas, transformando-o em Colégio dos Nobres, com um currículo enciclopédico de disciplinas clássicas e científicas, regidas por professores italianos.[4] Em 18/8/1772 institui o Colégio de Mafra para os plebeus.

O montante inicial das aulas régias avulsas elementares e secundárias – isto é, de estudos menores – foi detalhado, para todo o império português, na Lei e no Mapa de 6/11/1772: o Brasil começava com 44 aulas régias, sendo 17 de primeiras letras, 15 de gramática latina, seis de retórica, três de gramática grega e três de filosofia.[5]

---

[4] Pombal evitava as ameaças de uma influência "revolucionária", caso fossem contratados professores franceses.

[5] A diminuição no número das aulas se explica pela articulação seqüencial e hierárquica das disciplinas, das primeiras letras para as gramáticas, e destas para a retórica e, depois, para a filosofia, **não** implicando perda do princípio da universalização do seu ensino para todos os alunos, suposto anacronicamente por alguns autores, críticos da ação pombalina. A distribuição por região era a seguinte:
- 17 de 1ªs letras: 4 em Pernambuco + 4 na Bahia + 4 em Minas + 2 no Rio + 1 em S. Paulo, Pará e Maranhão.
- 15 de gramática latina: 4 em Pernambuco + 3 na Bahia + 3 em Minas + 2 no Rio + 1 em S. Paulo, Pará e Maranhão.
- 6 de retórica: 1 em Pernambuco, Bahia, Minas, Rio, Pará e S. Paulo.
- 3 de gramática grega: 1 em Pernambuco, Bahia e Rio.
- 3 de filosofia: 1 em Pernambuco, Bahia e Rio.

A expansão da rede seria financiada pelo Subsídio Literário, imposto criado por Lei de 10/11/1772. No Brasil cobrava-se 1 real em cada arrátel de carne verde cortada nos açougues e 10 réis em cada canada de pinga destilada nos engenhos. Para que o dinheiro fosse aplicado segundo o previsto, Pombal criou um fundo específico para o Subsídio Literário, evitando que os recursos "desaparecessem" nas contas do Erário Régio.

3.2 Os estudos maiores

Atendendo ao que era reivindicado pelos "estrangeirados" ilustrados, que falavam da necessidade do Estado português poder contar com uma elite (aristocracia e burguesia) bem preparada como base da modernização pretendida, Pombal reformulou inteiramente a Universidade de Coimbra, tanto na sua estrutura quanto na sua orientação. Em fins de 1770, ele criou uma comissão – a Junta da Providência Literária –, incumbida de redigir novos estatutos. Estes aparecem a 28/8/1772, dando uma nova organização à Universidade, reestruturada para poder produzir e ensinar as ciências modernas. Na Faculdade de Teologia, houve a substituição do estudo da religião e da moral reveladas pelo da religião natural, proposta pelos pensadores iluministas; na Faculdade de Direito, a substituição do direito canônico, da Igreja, pelo "direito natural e público das gentes", isto é, o jurisnaturalismo, o direito civil – que leva em conta a história, a crítica e a hermenêutica no tratamento das questões jurídicas – e que vinha sendo formulado pelos teóricos desde meados do século anterior; na Medicina, a valorização do método experimental e da matemática, ou seja, o tratamento quantificado dos fenômenos, com a substituição dos estudos baseados em compêndios por exercícios práticos, demonstrações, uso de laboratórios, gabinetes científicos, museus, jardins botânicos e biotérios.

Foram criadas ainda uma Faculdade de Matemática e uma Faculdade de Filosofia, para o estudo das ciências exatas e naturais, em que eram utilizados, no lugar de Aristóteles, os autores modernos como Lineu, para História Natural, Genovesi (divulgador de Bacon, Locke e Verney) para lógica e filosofia das ciências, Bröck para física experimental, e outros.

3.3 A ciência pombalina

Essas medidas tomadas por Pombal indicam um rompimento com o humanismo aristotélico-tomista vigente, em virtude da tradição jesuítica, e, a adoção da teoria empirista do conhecimento e do método indutivo-experimental. No entanto autores como Antonio Paim e Adolpho Grippa consideram que o empirismo estudado na Coimbra reformada, por estar baseado não nos próprios filósofos, mas em divulgadores e comentadores como Genovesi, Heinetius e Verney e ser submetido previamente à censura e controle da Real Mesa Censória (criada em 1768), é mais um empirismo **mitigado**, quase um ecletismo entre autores antigos, medievais e modernos do que propriamente um ensino profundo da filosofia e da ciência modernas. Essa é também a posição de Falcon, que nos alerta para não se esperar da reforma pombalina nada de revolucionário na linha dos ensinamentos políticos e sociais de autores contemporâneos, como Rousseau, Mably e Godwin.

Para Laerte Ramos de Carvalho é a vertente cristã e católica, não-jesuítica, do iluminismo italiano, modelado por Muratori e Genovesi, que foi apropriada e posta em circulação pela ilustração pombalina: no seu estudo sobre *As Reformas Pombalinas da Instrução Pública*, ele destaca, citando Cabral de Moncada, a orientação reformista, nacionalista, humanista, cristã, católica (mas antijesuítica) e pedagógica do iluminismo português.

Outra característica apontada pelos historiadores é que a mentalidade científica que prevalece é menos a da investigação teórica que a do saber **aplicado**. Essa visão insere a ciência pombalina praticada na Universidade de Coimbra reformada na linha da ciência ilustrada pragmática e operativa. Concordamos com Falcon quando diz (*Iluminismo*, p. 65):

> No horizonte do movimento ilustrado, as idéias em si mesmas, apenas enquanto idéias, isto é, abstrações intelectuais, divorciadas de uma prática transformadora têm muito pouca importância. As idéias apenas têm razão de ser, para os iluministas, conforme objetivam ações que modifiquem a realidade existente. Tal pragmatismo, freqüentemente colorido de utopismo, ainda hoje espanta um pouco os adeptos do pensamento puro. Mas, assim eram os "filósofos".

Bibliografia

BANHA DE ANDRADE, A. A. *A reforma pombalina dos estudos secundários no Brasil*. São Paulo: Saraiva/Edusp, 1978.

_____. "A Reforma Pombalina dos Estudos Menores em Portugal e no Brasil". *Revista de História*, 112 (1977): 459-99.

BOTO, Carlota. "Iluminismo e Educação em Portugal: o legado do século XVIII ao XIX". *Revista da FEUSP*, 22, 1 (1996): 169-191.

CARVALHO, L. R. de. *As reformas pombalinas da instrução pública*. São Paulo: Saraiva/Edusp, 1978.

CARVALHO, R. de. *História da fundação do Colégio Real dos Nobres de Lisboa, 1761-72*. Coimbra: Atlântida, 1959.

DOYLE, W. *O antigo regime*. São Paulo: Ática, 1991.

FALCON, Fr. J. C. *A época pombalina*. São Paulo: Ática, 1982.

_____. *Iluminismo*. 2ª ed. São Paulo: Ática, 1989.

_____. *Despotismo esclarecido*. São Paulo: Ática, 1986.

FÉRRER, Fr. A. "O Obscurantismo Iluminado: Pombal e a Instrução em Portugal e no Brasil – século XVIII". São Paulo: FEUSP, 1998.

FILGUEIRAS, C. A. L. "Pioneiros da Ciência no Brasil". *Ciência hoje*, 8, 44 (1988): 52-58.

HILSDORF, M. L. S. *Pensando a educação nos tempos modernos*. São Paulo: Edusp, 1998.

SALINAS FORTES, L. R. *O Iluminismo e os Reis-filósofos*. São Paulo: Brasiliense, 1981.

Capítulo 3
A Ilustração no Brasil

Laboratório químico da Universidade de Coimbra, mandado erigir pelo Marquês de Pombal, e onde estudaram e trabalharam muitos brasileiros no final do século XVIII.

Capítulo 3
A Ilustração no Brasil

1. Nosso Ponto de Vista

A mentalidade ilustrada que promoveu a reforma da cultura e do ensino do período pombalino foi capaz de dar um novo rumo à educação, tanto na metrópole quanto na colônia, em termos de renovação metodológica, de conteúdos e de organização: essa assertiva será discutida neste texto, que procura mostrar a existência de uma escola ilustrada no Brasil, entre 1770 e 1820 (o período da "crise do sistema colonial"), ao mesmo tempo resultante e promotora da circulação das idéias da Ilustração em Portugal e aqui. Esse ponto de vista inverte as colocações mais conhecidas sobre o período pós-pombalino da história da escola brasileira, o qual tem sido descrito ainda nos termos de Fernando de Azevedo: como o de um grande vazio, "meio século de decadência e de transição" (*A Cultura Brasileira*, p. 548; p. 533).

De outra parte, procuramos ter presente o alerta de Luís Carlos Villalta, o qual, baseado em Vovelle, considera as mentalidades prisioneiras da longa duração, e fala assim, das sobrevivências jesuíticas que detecta na educação escolar dos fins do século XVIII, como as práticas de memorização, de disputas orais e uso de autores latinos do cânone jesuítico, ao invés da observação e da experiência preconizadas pelas reformas pombalinas. Também, para esse autor, em Minas Gerais os padrões quantitativos não teriam sido alterados com a criação das aulas régias pombalinas, mantendo-se estável o número dos que sabiam assinar o seu nome mesmo depois das medidas de 1772. Concordando com ele, confirmamos a interpretação restritiva das reformas pombalinas apresentada anteriormente: afinal, o Marquês era ilustrado, mas não um democrata.

2. Idéias "Afrancesadas"

A apropriação **oficial** do Ecletismo e do Iluminismo em Portugal foi feita, como vimos anteriormente, pelos "estrangeirados", cuja mentalidade de renovação da sociedade portuguesa foi encampada e apoiada por Pombal enquanto primeiro-ministro de D. José I (1750-1777) e posta em circulação pelas instituições régias, inclusive as escolares. Por essa razão dizemos, então, que a Ilustração pombalina tem limites dados pelo seu componente absolutista, e se não foi "acovardada" como quer Anita Novinsky, foi conservadora e reformista. Se, de uma parte, possibilitou a divulgação da estética neoclássica, do pensamento moderno, ilustrado, sobretudo aquele que era do interesse do regalismo pombalino de linha antiultramontana, e da prática ilustrada científica e pragmática, produzidos e reproduzidos ambos pela Universidade de Coimbra reformada em 1772 e pelos professores secundários régios, de outra, como diz essa autora, as idéias ilustradas no seu aspecto mais avançado, que é o da filosofia política liberal e democrática, somente alcançaram a mentalidade portuguesa depois de Pombal, já nos fins do século XVIII e início do XIX.[1]

Para encontrar uma posição mais radical temos de falar da outra Ilustração, aquela **não-oficial**, clandestina, dos que viajavam e traziam livros e panfletos ou transmitiam oralmente suas idéias discordantes, subversivas. Anita Novinsky considera até que esses "afrancesados" tiveram suas idéias reforçadas com a leitura das obras dos pensadores ilustrados franceses, mas não foi com eles que a discordância crítica teve origem: ela diz que já é possível perceber um movimento de crítica e contestação expresso sobretudo em termos de religiosidade, de "descristianização interior", presente ao longo de todo o período colonial (a "heterodoxia religiosa" de que fala S. Buarque de Holanda nos seus estudos sobre o Brasil colonial), mas que devido à repressão da Inquisição foi praticado no interior dos círculos familiares, estudantis e profissionais e era conhecido e propagado no "boca a boca".[2] Vozes discordantes não seriam, portanto, criação ou privilégio dos movimentos ilustrados dos fins do século XVIII, mas sim manifestação de uma antiga mentalidade "**subterrânea**" de contestação.

Tendo como referencial essa análise, que permite focalizar a apropriação e o uso das idéias ilustradas e liberais pela colônia entre 1770 e 1822 nos dois planos, o oficial e o não-oficial, vamos apresentar alguns caminhos que mostram como a disseminação das idéias foi feita pelos letrados e intelectuais, os quais, porém, não têm posse exclusiva delas, pois elas também têm difusão oral entre o povo. Em outras

---

[1] No Brasil, este influxo iria ao encontro de movimentos contestatórios em Minas (1789-94), Rio de Janeiro (1794), Bahia (1798), Pernambuco (1801 e 1817) e da própria Independência de 1822.

[2] Podemos chegar à mesma conclusão pensando nas colocações feitas por Hoornaert e Koshiba, que apontam a pouca influência dos jesuítas no "mundo dos engenhos" dos séculos XVI e XVII.

palavras, vamos ver como a Ilustração circula na colônia e que parte a escola teve nisso: enfim, quais os inter-relacionamentos entre uma e outra.

3. Caminhos da Ilustração no Brasil

3.1 Os alunos

No Brasil as idéias "afrancesadas" chegam com os alunos que estudavam fora da colônia. Com seus estudos científicos modernos pós-reforma, Coimbra era a universidade mais procurada, podendo ser considerada como uma verdadeira matriz de toda uma geração de intelectuais e cientistas que iniciaram o cultivo das ciências naturais e exatas. O historiador R. Maxwell diz que nos anos letivos de 1786 e 1787 foram matriculados nos cursos de Coimbra, respectivamente, 27 e 19 brasileiros, sendo 12 e dez mineiros, o que explica para ele o envolvimento de Minas na Inconfidência de 1789-94. E por que havia essa grande porcentagem de mineiros indo estudar na Coimbra reformada? Provavelmente porque, entre 1699 e 1750, com a produção do ouro, Minas apresenta outra composição social, complexa, com bastante mobilidade, com atividades econômicas diversificas e urbanizadas e maior riqueza cultural; não é patriarcal como a "sociedade do açúcar" nem sofreu a influência da presença dos jesuítas ou outras ordens religiosas nos séculos XVI e XVII.

Mas outros centros de estudo das modernas ciências naturais e médicas – como Edimburgo, Paris e Montpellier – eram também muito procurados.

Exemplos desses alunos são:

- ❑ Domingos Vidal Barbosa, um participante da conjuração mineira, que cursou medicina em Montpellier. Essa faculdade era considerada um foco de jansenistas, grupo não aceito pela hierarquia da Igreja Católica, mas que, enquanto opositor dos jesuítas, teve sua doutrina bastante divulgada no reino;[3]
- ❑ Mariano José Pereira da Fonseca, que estudou na nova Faculdade de Filosofia de Coimbra, e Jacinto José da Silva, que estudou medicina em

---

[3] Os jansenistas opunham-se aos jesuítas tanto nos aspectos da moral (eram rigoristas, ao passo que os jesuítas eram laxistas) quanto nos dogmáticos (os jansenistas têm uma imagem profundamente negativa do homem, como um pecador cujo batismo – que inscreve o fiel na "barca da Igreja" – não garante a salvação). Se para eles a Graça divina que salva o fiel "vem quando quer", o melhor então é preservar a inocência infantil, educando a razão e a vontade, aquela para reconhecer os perigos do mundo, esta para escolher sempre o bem. Daí as práticas pedagógicas defendidas pelos jansenistas de vigilância constante dos alunos reunidos em pequenos grupos, de seleção das leituras, de isolamento (nada de viagens de formação, como era de uso na época).

Montpellier, ambos envolvidos no processo da Sociedade Literária do Rio de Janeiro;

❑ José Álvares Maciel, que estudou ciências naturais em Edimburgo e filosofia em Coimbra, formando-se em mineralogia, e foi conjurado em 1789, morrendo degredado em Angola;

❑ Vicente Coelho de Seabra Teles, que estudou filosofia e ciências naturais em Coimbra (é considerado um dos iniciadores da química científica na colônia), e participou da Sociedade Literária do Rio de Janeiro.

Sabemos que todos eles possuíam e liam não apenas os autores modernos referendados pela censura pombalina, como também os expurgados e proibidos pela Real Mesa Censória, como Diderot, o Abade Raynal e Rousseau (o *Emílio*). Ou seja, esses estudantes dominavam tanto a versão oficial das Luzes quanto a versão mais subversiva. O Abade Raynal, por exemplo, era um autor muito difundido, principalmente o seu texto *História das Duas Índias*, o qual, publicado em 1772, já era discutido pelos inconfidentes mineiros em 1789, porque, entre outras idéias, encontraram nele sugestões de "como fazer um levante".

Nem todos os alunos de Coimbra foram contestadores e revolucionários. Muitos dos brasileiros que estudaram nessa Universidade foram aproveitados na administração metropolitana, colocando a formação científica e pragmática nela recebida à disposição da dominação colonial. A atuação desses intelectuais-cientistas em relação à colônia foi estudada por M. Odila Dias no texto "Aspectos da Ilustração no Brasil", muito esclarecedor do que foi uma das presenças da Ilustração entre nós.

3.2 Os livros

Mas encontramos também aqueles que, mesmo tendo sido alunos dos jesuítas e nunca saído da colônia, dominavam a literatura ilustrada. É o caso do inconfidente mineiro Luís Vieira da Silva, cônego e professor de filosofia, o qual, segundo Eduardo Frieiro, tinha uma biblioteca com cerca de 270 títulos e 800 volumes de literatura "condenada"; Villalta avalia a composição desse acervo em 52,7% de livros profanos e 35% de livros sacros. Outro inconfidente, o poeta Inácio José de Alvarenga Peixoto, tinha uma "livraria" mínima, toda de fora dos cânones pombalinos: textos de Voltaire, Metastásio e Crébillon e a *Arte da Gramática Latina*, do padre jesuíta Manuel Álvares, proibida por Pombal.

Mais um exemplo da existência de um público leitor que consumia avidamente essa literatura: o texto de Mably, "Direitos e Deveres dos Cidadãos", publicado em 1789, que já era aqui discutido poucos anos depois, como se verifica pelos documentos apreendidos por ocasião da devassa da Sociedade Literária do Rio de Janeiro, ordenada pelo Conde de Rezende, em 1794.

Isso significa que as idéias chegavam pelos livros, que circulavam de fato na colônia. Villalta lembra o professor régio de filosofia Manoel José de Siqueira, nomeado para a distante Cuiabá, que levou consigo ao assumir a cadeira, em 1796, uma "livraria" com 98 títulos. Mas os livros e impressos não estavam apenas nas mãos dos estudantes e letrados. Aqui também haveria um "submundo" da literatura ilustrada e/ou revolucionária, como R. Darnton mostrou em relação às luzes na Europa continental? A pergunta é pertinente porque, mesmo sem imprensa na colônia, as idéias circulavam em panfletos e cópias manuscritas, em cadernos de notas, em textos embarcados clandestinamente e vendidos com muita rapidez para os interessados, porque, segundo lembra bem R. Maxwell, livros são mercadoria, têm valor econômico. Roberto Ventura confirma que a circulação das idéias "afrancesadas" ultrapassava o âmbito das elites esclarecidas, pois foram encontrados cadernos com cópias manuscritas de autores franceses proibidos, como Rousseau, entre os participantes da Inconfidência Baiana de 1798, a chamada "Conjuração dos Alfaiates", que teve grande embasamento e participação das camadas populares.

É bom lembrar, então, que aqui também estão presentes os dois lados da questão: se havia circulação legal de livros, havia igualmente o contrabando; se havia o controle da Real Mesa Censória e as ordens de embargo do rei, havia a circulação clandestina, mais rápida e eficiente.

3.3 As sociedades letradas

As sociedades coloniais letradas, ou de idéias, também fizeram circular a Ilustração. Um primeiro grupo é representado pelas Lojas Maçônicas, que têm um caráter iniciático, secreto. Já se disse que as trocas entre maçonaria e Iluminismo são "pura osmose", e é bem conhecida a figura dos maçons *colportores*, que viajavam levando e distribuindo a literatura clandestina entre os dois lados do Atlântico. Mas, ainda assim, é preciso lembrar que a maçonaria do século XVIII é, de modo geral, mais conservadora do que aquela do século XIX: estava envolvida com a Ilustração, mas não com a revolução de *per si*.

Outro grupo onde houve circulação das idéias ilustradas parece ter sido o das academias literárias. A. Candido estudou, há alguns anos, em um texto intitulado "Minerva Colonial", a existência de dois tipos de agremiações literárias no Brasil dos séculos XVII e XVIII: as barrocas e as ilustradas. As barrocas ou maneiristas são "oficiais", tanto no sentido de que foram instaladas sob a proteção das autoridades quanto naquele de servir de reforço aos padrões e valores estabelecidos, fossem estéticos, fossem político-sociais. Congregavam intelectuais "fradescos" e palacianos, figuras literárias oficiais, como as que se reuniam nas Academias "dos Esquecidos" (1724-26) e "dos Renascidos" (1759-60), na Bahia, e nas Academias "dos Felizes"

(1736) e "dos Seletos" (1754), no Rio de Janeiro. As academias ilustradas, para A. Candido, são mais livres do que as barrocas e promovem as idéias do século. Têm simpatia pelos estudos científicos e sociais e adotam a estética neoclássica, padrão da Ilustração. Também cortejam o poder, mas como tática para passar o contrabando das idéias modernas. Esse autor acha que estas sociedades ilustradas já têm um compromisso com a realidade social, pois produziram obras que tematizam aspectos e questões da época, como os poemas *Uraguai*, de Basílio da Gama, contra os jesuítas; *O Desertor das Letras*, de Silva Alvarenga, que celebrou a reforma da Universidade de Coimbra; e o *Reino da Estupidez*, de Melo e Franco, que satirizou a administração de D. Maria I. A Sociedade Científica (1772) – depois recriada como Sociedade Literária (1779-95) – e a Casa dos Pássaros (1779), ambas no Rio de Janeiro, reuniam intelectuais que realizaram a passagem do tipo "neutro" para o tipo "patriota", ou seja, aquele empenhado em difundir as luzes, educando os homens nas "idéias francesas" para poder enfrentar os problemas sociais da colônia. Um dos seus organizadores foi Manuel Inácio da Silva Alvarenga, formado em direito (1776) na Universidade de Coimbra reformada. Mestre pombalino de retórica e poética no Rio de Janeiro, desde 1783, possuidor de uma biblioteca de 1576 exemplares, com muitos livros proibidos, esse defensor das "idéias francesas" foi preso e processado de 1794 a 1797, por ocasião da devassa na instituição. Seu nome é representativo daquele tipo de intelectual que vê o homem de letras como "um agente positivo da vida civil".

Ainda que atualmente essa rigorosa dicotomização proposta por A. Candido esteja superada, pois sabe-se que a Sociedade Literária esteve sob o controle das próprias autoridades da metrópole e que muitas das atitudes de inovação que essas instituições apresentavam tinham um sentido mais conservador do que revolucionário, é interessante observá-las como espaço de embricamento das duas correntes da Ilustração na colônia, a pombalina e a afrancesada.

3.4 Os professores

Como vimos, muitos desses ilustrados são professores das escolas pombalinas, principalmente das disciplinas mais adiantadas, científicas e literárias: a retórica e a poética, as matemáticas e a filosofia. Ensinavam pelos textos da ilustração oficial, aprovada por Pombal, mesmo depois que, nos fins do século XVIII, a administração da metrópole liberou o uso de qualquer texto nas escolas, inclusive os antigos métodos dos jesuítas. Antonio Paim estudou os professores régios de filosofia desse período e concluiu que ensinavam pelos autores recomendados nas instruções e regulamentos pombalinos, como Genovesi e Heinetius, para filosofia moral e racional, Euclides, para geometria, Muschembröck, para física, Altieri para aritmética e geometria, Bezout, para aritmética, Job, para ética, e Storchenau, para lógica.

É preciso lembrar que a reforma pombalina foi implantada com muita dificuldade na colônia pela oposição dos partidários dos jesuítas e pelo desvio dos recursos do Subsídio Literário que aconteceu durante a administração de capitães-mores retrógrados, como mostrou Miriam Xavier Fragoso para a capitania de São Paulo, nas últimas décadas do século XVIII. Mas, aos poucos, inclusive pela ação das Câmaras Municipais junto às autoridades da metrópole, foi criada uma **rede de aulas avulsas** de primeiras letras, gramática latina, grego, retórica e poética, filosofia, matemática superior e geometria nos moldes das reformas pombalinas.

Na Bahia, por exemplo, usando as informações de L. dos Santos Vilhena nas suas "Cartas Soteropolitanas", temos a seguinte situação em 1799:

- em Salvador: 6 aulas de primeiras letras + 4 de gramática latina + 1 de geometria + 1 de grego + 1 de retórica + 1 de filosofia;
- em Ipitanga, Sra. do Monte, Nazaré, Nova Real, Muritiba e Rio Vermelho: 1 de primeiras letras;
- em S. João d'Água Fria: 1 de gramática latina;
- em Cachoeiro, Ilhéus, Porto Seguro, Sto. Amaro, Itaparica, S. Francisco, Camamu, Caravelas, Sta. Luzia, Sergipe del Rei, Vitória, Jacobina, Jaguaripe e Itapagipe: 1 de primeiras letras + 1 de gramática latina;

No Ceará, por volta de 1800, existiam 5 aulas de primeiras letras e 5 de gramática latina.

Para São Paulo, considerada em relação aos outros centros econômicos da colônia uma capitania pobre, sem recursos, um panorama dos professores pombalinos existentes entre 1772 e 1801 pode ser observado no quadro da página 29.

Em Pernambuco, além das aulas avulsas, foi criado um Seminário, isto é, um colégio, para a formação de padres com domínio da ciência aplicada às necessidades do Estado português: ex-aluno da Universidade de Coimbra reformada, bispo e governador da capitania, Azeredo Coutinho abriu em Olinda, no início de 1800, no mesmo prédio do antigo colégio dos jesuítas, o Seminário Nossa Senhora das Graças,[4] o qual, rompendo com o ensino jesuítico, fazia a aplicação dos princípios ilustrados:

- pelos seus objetivos, de formação de padres que atuassem como agentes da metrópole para a modernização econômica da colônia, pois seriam preparados segundo os princípios do conhecimento científico moderno, ilustrado. Além de "pastores de almas", os alunos seriam futuros "padres-

---

[4] Ele criou também uma instituição feminina, o Recolhimento Nossa Senhora da Glória, para educar as mães de família.

exploradores", conhecedores das riquezas minerais, vegetais, hídricas, e realizariam estudos para o seu aproveitamento pela Coroa portuguesa;

❑ pelo seu plano de estudos, que deveria incorporar as literaturas e línguas clássicas, as línguas modernas, a gramática portuguesa, as modernas ciências naturais e exatas, desenho, geografia, cronologia e teologia;

❑ pela sua metodologia, que se baseava em relações novas entre mestres e discípulos, mais brandas, sem castigos físicos e com apelo à personalidade do aluno, indicando que a sensibilidade não era cultivada apenas pelos leitores de Rousseau, mas atraía também os adeptos da ilustração oficial.

A ação pedagógica de Azeredo Coutinho é exemplar para o entendimento da já aludida orientação pragmática das Luzes, pois, se o Seminário que criou foi o celeiro dos futuros revolucionários pernambucanos de 1817, ele próprio apoiava a escravidão e foi o último grande inquisidor do reino português.[5] Seria muito interessante, aliás, estudar desse ponto de vista a ação do clero e de outras congregações religiosas da época, como fez Francisco Adegildo Férrer com a ordem franciscana: este autor percebeu que os frades reformaram sua ordem de acordo com as idéias de Pombal e se tornaram agentes da igreja, da cultura e da escola ilustrada em Portugal e no Brasil.

3.5 A obra joanina

Finalmente podemos considerar a obra joanina como parte dessa ação ilustrada na colônia. O desembarque de D. João no Rio, em 1808, acabou com o "exclusivo metropolitano", abrindo a colônia para as trocas econômicas e culturais com a Inglaterra. Segundo A. K. Manchester, com a vinda de D. João – programada desde 1807 conjuntamente com os ingleses – houve grandes mudanças nos sistemas econômico, social e cultural da colônia, mas não no sistema fiscal, na administração da justiça e na organização militar.

A ação joanina na educação escolar acompanha a tendência geral apontada pela história da educação para os séculos XVIII e XIX, de perda pela Igreja da gestão da educação escolar **para** os funcionários do Estado, ao manter as seguintes características das reformas de 1759-1772: estatização, no sentido de concentrar o controle da educação escolar dos níveis secundário e superior nas mãos do Estado, e pragmatismo, no sentido de oferecer conhecimento científico utilitário, profissional, em instituições de ensino avulsas, isoladas, segundo o modelo ilustrado.[6]

---

[5] Alguns autores negam o caráter revolucionário do movimento de 1817, destacando que seus participantes não propunham a abolição das relações escravistas na colônia.

[6] Outro modelo da época era a opção napoleônica (liberal) da universidade centralizadora.

Aulas régias e mestres pombalinos em São Paulo: 1772 -1801

Cidade	Primeiras Letras	Gramática Latina	Retórica	Filosofia
São Paulo[1]	José Carlos dos Santos Bernardes (1768-76)	Pedro Homem da Costa (1774-97)	Pe. Francisco Xavier de Passos (1774-82)	Pe. Roque Soares de Campos (1786-1801)
	Januário Santana de Castro (1776-97)[3]	André da Silva Gomes (1797-1804)[4]	Estanislau José de Oliveira (1782-1801)[2]	Francisco Vieira Goulart (1799-1801, 1804-?)
	João Pereira da Silva Gomide (1797-1801)			
Santos	José Leocádio Pinto de Moraes (1795-1801)	José Luís Moraes Castro (1786-1801)[5]		
Guaratinguetá		Manoel Gonçalves Franco (1798-1801)		
Paranaguá	José Bernardo da Silva (1783)	José Carlos de Almeida Jordão (1786-98)		
	Francisco Inácio do Amaral (1786-98)			
Taubaté		Tenente Francisco de Paula Simões (1786-1801)[6]		
Jundiaí	Manoel Rabelo Xavier (1799-1801)			
Curitiba	Antônio Xavier Ferreira (1789-1801)			
	Manoel T. Cardoso de Oliveira (1791-1801)			
São Sebastião		Pe. João Amaro da Silva (1795-98)		
São Vicente	Leandro Bento de Barros (1791-98)			
Parnaíba		Pe. João Rodrigues Coelho (1795-98)		
Mogi-Mirim	Floriano José Rodrigues (1795-98)	Pe. João Rodrigues Coelho (1799-1801)		
Mogi das Cruzes	Floriano José Rodrigues (1799-1801)	Antonio Freire Henriques (1795-98)		
Itu		Antonio Freire Henriques (1799-1801)		

Fonte: M. X. Fragoso (1972)

---

[1] Houve aula de geometria no convento de São Francisco em 1771, sendo professor frei José do Amor Divino Duque.
[2] Tinha 9 alunos em 1801.
[3] Tinha 53 alunos em 1801.
[4] Tinha 43 alunos em 1801.
[5] Tinha 5 alunos em 1801.
[6] Pelo soldo militar.

Sob essas diretrizes foram criadas várias aulas avulsas de níveis médio e superior para formar os quadros superiores da política e da administração da Coroa portuguesa sediada na colônia (ver quadro ao lado).

No Rio de Janeiro seria criada ainda, em 1816, a Escola Real de Ciências, Artes e Ofícios, instalada dez anos depois como Escola de Belas Artes.

Luís Antonio Cunha fala ainda de tentativas de se criar o ensino de **ofícios** manufatureiros, segundo o modelo **escolar** (os ilustrados não aceitavam mais o modelo de formação em "corporações de ofícios"), que teria se desenvolvido junto aos estabelecimentos militares do Rio e da Bahia: era escolar, e não corporativo, mas dado em separado do ensino nas aulas régias avulsas, porque era destinado especificamente aos pobres e órfãos.

Área	Capitania	Ano
Marinha	RJ	1808
Militar	RJ	1810
Cirurgia	BA	1808
Anatomia e Cirurgia	RJ	1810
Agricultura	BA	1812
Agricultura	RJ	1814
Química	RJ	1812
Química	BA	1817
Desenho Técnico	BA	1818
Desenho Técnico	MG	1818
Comércio	RJ	1810
Economia Política	BA	1809
Matemática Superior	PE	1809
Desenho	MG	1817
História	MG	1817
Economia	BA	1808
Serralheiros, espingardeiros e oficiais de lima	MG	1812

Vê-se, pois, que é difícil atualmente aceitar a afirmação de Fernando de Azevedo (*A Cultura Brasileira*, p. 545), de que "a ação reconstrutora de Pombal não atingiu senão de raspão a vida escolar da colônia". Aliás, até é preciso lembrar que as aulas régias criadas pela legislação pombalina-joanina não foram as únicas existentes nos fins do período colonial nem mesmo no plano da iniciativa pública, estatal: além de professores pagos pelo soldo militar, de mestres de capela pagos pela folha eclesiástica do Reino (que, além de música, também ensinavam latim e primeiras letras), existiam professores mantidos pelas diversas ordens religiosas nos conventos e recolhimentos, mestres particulares, contratados pelas famílias, e aqueles que ensinavam atividades produtivas do tipo costura e marcenaria, compondo um quadro rico e diversificado, indicando não a exclusividade, mas a presença do poder público ilustrado no campo da educação escolar no período pós-pombalino.

Bibliografia

ALGRANTI, L. M. *Honradas e devotas*: mulheres da colônia. Rio de Janeiro/Brasília: Ednurb/J. Olympio, 1993.

AZEVEDO, F. de. *A cultura brasileira*. 4ª ed. São Paulo: Melhoramentos, 1964.

CANDIDO, A. "Minerva Colonial". *Revista Brasiliense*, 13 (1957): 85-94

CARDOSO, M. "Azeredo Coutinho e o fermento intelectual de sua época". Keith, H.H. e Edwards, S.F. (orgs.) *Conflito e continuidade na sociedade brasileira*. Rio de Janeiro: Civ. Brasileira, 1970.

CARRATO, J. F. *Iluminismo, igrejas e escolas coloniais mineiras*. São Paulo: Nacional/Edusp, 1968.

_____. "Uma Pedagogia jansenista no Brasil: o regulamento do Colégio do Caraça". *Didática*, 9-10 (1972-73): 135-60.

CHACON, V. "Jansenismo e galicanismo no Brasil". *Revista Brasileira de Filosofia*, XXIII, 191 (1975): 268-88.

CUNHA, L. A. *A universidade temporã*: o ensino superior da colônia à era Vargas. Rio de Janeiro: Civilização Brasileira/UFC, 1980.

DIAS, M. Odila da S. "Aspectos da Ilustração no Brasil". *Revista do Instituto Histórico e Geográfico Brasileiro*, 278 (1968): 105-170.

DUPRAT, R. *Música na Sé de São Paulo Colonial*. São Paulo: Paulus, 1995.

FÉRRER, Fr. Adegildo. "O Obscurantismo Iluminado: Pombal e a Instrução em Portugal e no Brasil – século XVIII". São Paulo: FEUSP, 1998.

FRAGOSO, M. X. *"O Ensino Régio na Capitania de São Paulo (1759-1801)"*. São Paulo: FEUSP, 1972.

FRIEIRO, E. *O diabo na livraria do cônego*. 2ª ed. São Paulo: Itatiaia/Edusp, 1981.

MANCHESTER, A. K. "A Transferência da Corte Portuguesa para o Rio de Janeiro". Keith, H. H. e Edwards, S.F. (orgs.) *Conflito e continuidade na sociedade brasileira*. Rio de Janeiro: Civ. Brasileira, 1970.

NEME, M. "Um governador reformista no São Paulo colonial". *Anais do Museu Paulista*, XXIV (1970): 11-53.

NOVINSKY, A. "Estudantes Brasileiros 'Afrancesados' da Universidade de Coimbra. A perseguição de Antonio de Morais e Silva (1779-1806)". Coggiola, O. (org.). *A Revolução Francesa e seu impacto na América Latina*. São Paulo/Brasília: Nova Stella/Edusp/CNPq, 1990.

NÓVOA, A. "Para o estudo sócio-histórico da gênese e desenvolvimento da profissão docente". *Teoria da Educação*, 4(1991): 109-139.

PAIM, A. "Os primeiros professores de Filosofia no Brasil". *Revista Brasileira de Filosofia* XXI, 81 (1971): 67-77.

PAIM, A. (org.). *Pombal e a cultura brasileira*. Rio de Janeiro: Tempo Brasileiro/Fund. Brasil-Portugal, 1982.

VENTURA, R. "Leituras do Abade Raynal na América Latina". Coggiola, O. (org.). *A Revolução Francesa e seu impacto na América Latina*. São Paulo/Brasília: Nova Stella/Edusp/CNPq, 1990.

VILHENA, L. dos S. "Cartas Soteropolitanas". *Revista Brasileira de Estudos Pedagógicos*, VII, 20 (1946): 288-306.

VILLALTA, L. C. "O que se fala e o que se lê: língua, instrução e leitura". Souza, Laura de M. (org.). *História da vida privada*, 1. São Paulo: Companhia das Letras, 1997.

Capítulo 4

A Escola Brasileira
no Império

Fardamento do Colégio Pedro II em 1855.

Capítulo 4

A ESCOLA BRASILEIRA
NO IMPÉRIO

1. Nosso Ponto de Vista

Os historiadores da educação brasileira estão começando a se interessar de novo pelo século XIX, o que tem possibilitado olhar a educação escolar no Império de um ponto de vista enriquecido, tanto nos seus aspectos internos quanto na sua inserção no contexto sociopolítico e cultural da época. Também é notável que, após um período em que a bibliografia enfocou o Império sob o ângulo de abordagem do liberalismo, possamos contar com estudos sobre o conservadorismo. É com essa nova abrangência que vamos trabalhar a educação escolar no Império.

2. O Primeiro Liberalismo

Para entender a organização escolar do Império Brasileiro podemos começar pensando quem fez a Independência e ocupou o poder nas décadas de 1820 e 1830.

Ao redor de 1820 desenhava-se a seguinte configuração para os agrupamentos políticos (mais "correntes de opinião" do que partidos) atuantes no país:

- o "partido português", dos absolutistas ou restauradores. Para eles o poder do Soberano está no **rei**. Sua base social é composta de militares e comerciantes portugueses mercantilistas, que tinham como programa manter a união Brasil-Portugal, com reconversão à situação de colônia;

- o "partido radical", dos exaltados ou democratas. Têm o **povo** como Soberano. Sua base social é formada de pequenos comerciantes adeptos do livre comércio, artesãos, funcionários públicos, padres, advogados, jornalistas e letrados, como Januário Cunha Barbosa e Gonçalves Ledo, Cipriano Barata, Clemente Pereira, Borges da Fonseca e outros. Têm um programa liberal e democrático, com reivindicação de reformas políticas, do tipo descentralização político-administrativa, federação das províncias e sufrágio universal, além de reformas sociais, como abolição, trabalho livre e divisão das terras (reforma agrária) com extinção dos latifúndios;

❑ o "partido brasileiro", dos moderados. É composto de grandes proprietários de terras, comerciantes ingleses, portugueses e brasileiros adeptos do comércio livre, a alta administração, jornalistas e outros letrados, cujo programa é liberal-conservador, ou seja, aplica o princípio liberal dos direitos individuais[1] à preservação da propriedade escrava, o que mantém a ordem social escravista. Para eles o Soberano é a **lei**, ou seja, a Constituição. Defendem a independência da colônia, a monarquia constitucional e centralizadora, a Igreja oficial (com a manutenção do regalismo) e o sufrágio indireto censitário, de base econômica.

A Independência é **moderada** porque foi feita pelo "partido brasileiro", de linha moderada, cujos integrantes são oriundos da classe senhorial, a "aristocracia" rural, e exibem a mentalidade pragmática característica da Universidade de Coimbra reformada, freqüentada por muitos deles. A figura exemplar aqui é José Bonifácio: formado em direito e filosofia natural, com especialização em mineralogia, tinha trabalhado para a Coroa portuguesa como pesquisador científico e comissário de minas antes de envolver-se com os movimentos da Independência. Por influência de seu pragmatismo, essa classe senhorial vai aplicar os princípios liberais na defesa dos seus direitos de posse de terras e escravos. Essa mentalidade ilustrada dos liberais brasileiros e sua origem social rural de agroexportadores esclarecem as diferenças em relação ao liberalismo europeu burguês, comercial e industrial, e os limites da monarquia brasileira: um liberalismo não democrático e uma monarquia unificada e centralizada.[2]

Para Luís Felipe de Alencastro, outro fator que explica a opção pela monarquia unificada e centralizada foi, além da preservação do sistema escravista, a **política**

---

[1] Ver exposição e análise dos princípios liberais básicos – individualismo, liberdade, propriedade, igualdade e democracia – em L. A. Cunha, *Educação e Desenvolvimento Social no Brasil*.

[2] Considerando o papel exercido pelas sociedades secretas na formação e propagação do pensamento liberal, podemos olhar as articulações do "partido radical" e do "partido brasileiro" com a maçonaria, ou melhor, com "as maçonarias": o primeiro era integrado pelo grupo maçônico do "Grande Oriente", o segundo, pelo grupo do "Apostolado", os quais eram influenciados, respectivamente, pela França ("maçonaria vermelha") e pela Inglaterra ("maçonaria azul"). Para a vertente da maçonaria vermelha a emancipação implicaria transformações político-sociais, daí o seu mote "Liberdade, Igualdade e Fraternidade". Para a segunda vertente, não: como a questão é manter a ruptura com o comércio metropolitano, seu lema é "Independência (leia-se, da metrópole) ou morte". É sugestivo lembrar que, nesses anos, D. Pedro foi recebido, primeiramente, no "Grande Oriente" e depois, por influência de José Bonifácio, no "Apostolado", indicando que, ao passar da freqüência de um grupo maçônico para a de outro, ele também transitou, na cena política, de uma posição mais radical para outra mais moderada, acabando por aceitar o programa dos moderados ou "brasileiros", sem reformas políticas e sociais radicais do tipo república ou abolição.

externa, isto é, a necessidade de um acordo interno entre liberais e conservadores para não se enfraquecerem diante das pressões antiescravistas da Inglaterra.

Dizer que a Independência foi moderada significa dizer, para o historiador J. Honório Rodrigues, que ela foi um movimento contra-revolucionário, que altera a superestrutura político-jurídica do novo país, mas não a infra-estrutura econômico-social.

O novo governo que se organiza tem, então, traços do liberalismo moderado. De outro lado, o quadro mental da geração que fez a Independência, de matriz ilustrada e regalista, tem também traços liberais e **filantrópicos** devidos à preponderância britânica sobre toda a geração dos "libertadores" americanos. Falcon lembra que tolerância, humanitarismo, filantropia e benemerência compunham tanto a racionalidade iluminista quanto a sensibilidade religiosa do início do século XIX. Combinados, os traços mentais de pragmatismo das Luzes e de liberalismo filantrópico resultaram em um movimento de assistência e educação das massas com duas marcas: ser ativo, no sentido de ir ao encontro das necessidades da população, e ser de responsabilidade pública, ao invés de atribuição das igrejas. Confiança na lei, catolicismo iluminista, *laissez-faire* econômico e ênfase na educação popular serão, portanto, características das lideranças políticas e culturais da geração da Independência, que, nas décadas de 1820 e 1830, organizam asilos de órfãos, casas de correção e trabalhos, rodas de expostos, jardins botânicos, escolas de educação popular, aulas de francês, bibliotecas e cursos superiores, adoção do sistema métrico decimal, enfim, uma rede de instituições e práticas civilizatórias, direcionada à guarda, proteção e formação da população.

No entanto, lembrando pela bela análise de Ilmar R. de Mattos que a sociedade brasileira não formava um conjunto, mas uma hierarquia, com camadas diferentes e desiguais, divididas em "coisas" (escravos e índios) e "pessoas", que compreendiam a "plebe" (a massa dos homens livres e pobres) e o "povo" (a classe senhorial dos proprietários), a preocupação com o povo expressa por eles **não** significava a preocupação com a plebe, isto é, o povo hodierno. De outra parte, por conta das influências filantrópicas propagadas pelos ingleses, eles não estão plenamente convencidos de que a educação popular devesse ser inteiramente estatal, isto é, oferecida apenas pelo governo monárquico, e deixavam muitas iniciativas à sociedade, aos **particulares**.

Assim, embora as **proclamações** liberais dos deputados falassem em "formação de homens livres para o sistema representativo e cidadãos hábeis para os empregos do Estado", em "disseminação da educação popular como condição de riqueza e liberdade", em "constituição de um sistema nacional de educação", isto é, para todo o território e para toda a população, entende-se o porquê de a Assembléia Constituinte de 1823 ter aprovado apenas um projeto da Comissão de Instrução que criava duas universidades, em São Paulo e Olinda.

Dissolvida a Assembléia, foi promulgada a Constituição do Império (25/3/1824). De orientação liberal, mas não democrática, esse documento assegurava direitos civis (de cidadania) aos brasileiros brancos, mas não aos índios e escravos, e direitos políticos (de voto) aos brasileiros brancos que tinham, no mínimo, renda de 100 mil réis anuais: quem é "coisa" não tem direitos, quem é "povo" ou "plebe" tem direitos civis e políticos diferenciados, proporcionais à renda. Considerando a questão do ângulo do princípio liberal proclamado de igualdade, essa repartição mostrava-se enormemente restritiva, pois, na época, três quartos da população compunha-se de escravos e grande parte do restante era de brancos livres e pobres. Assim, é uma lei liberal moderada que constitui como **povo** brasileiro a classe senhorial, resguardando os seus direitos segundo a ótica da preservação da ordem estabelecida. Que ordem? A ordem social escravagista e a ordem política liberal-constitucionalista.

Essa Constituição promete ensino primário gratuito para todos e ensino das ciências e das artes em colégios e universidades (art. 179, parágrafos 32 e 33), porém, sem outras garantias de sua efetivação, que deveria ser regulada pela legislação ordinária.

De fato, na primeira legislatura (1826-1827), logo no início dos debates aparece o tema da educação escolar popular: além de muitas denúncias de falta de recursos e de escassez de escolas e de indicações de criação de aulas, há a apresentação do projeto do deputado liberal-radical Januário Cunha Barbosa, criando um sistema nacional de educação escolar composto de escolas elementares (pedagogias), secundárias (liceus e ginásios) e superiores (academias). Mas o texto da proposta não chegou a ser discutido. Reapresentada no ano seguinte de 1827, a parte referente à escola primária foi para o plenário, mas sofreu tantas emendas que, quando obteve aprovação como lei, em 15/10/1827, estava reduzida à manutenção das aulas avulsas públicas de primeiras letras de origem pombalina, para meninos e, estas sim, uma inovação, também para meninas. É notável ainda que a legislação tenha definido o ensino mútuo como a forma de organização das aulas de primeiras letras das localidades mais populosas, em perfeita consonância com o que se fazia nos países de governos liberais e mentalidade filantrópica: à época, esse "método" era divulgado como a alternativa mais viável à tradicional forma de ensino individual, pois, baseando-se no princípio do ensino entre as crianças – as quais, agrupadas em decúrias, realizavam uma série progressiva e controlada de atividades de leitura, escrita e cálculo sob a supervisão de alunos monitores –, parecia dar conta das intenções de disseminar mais rapidamente a cultura letrada sem ampliar os custos com professores e materiais de ensino. Os procedimentos metodológicos do ensino mútuo utilizavam a oralização, a escrita em caixas de areia e os silabários impressos em quadros murais (cartazes) para as atividades de ensino-aprendizagem em grupo, diminuindo as despesas com livros, papel e tinta, materiais reservados aos alunos mais adiantados.[3]

---

[3] Cf. "A escola elementar no século XIX: o método monitorial/mútuo" (1999).

Essa primeira legislatura instala também, em 1827, as Academias de Direito de Olinda e de São Paulo, instituindo-as como formadoras da classe senhorial, daquele povo que irá manter a ordem do e no Império. Segundo a análise de Leonardo Trevisan, essas escolas jurídicas servem para manter a monarquia centralizada, diante das pressões centrífugas por uma organização mais descentralizada que atendesse aos interesses das populações locais. Para ocupar a primeira cadeira da Academia de São Paulo, a de Direito Natural, na qual se ensina a visão de lei que seria sustentada ao longo do curso, o governo contrata Avelar Brotero, um liberal que escreve textos dizendo que a função da lei é estabelecer as regras mínimas de convivência social, é manter a ordem definida como tal na Constituição de 1824. Ao ensinar essa concepção no seu curso, Brotero estava ensinando o que era o liberalismo do Império Brasileiro. Formada nas Academias de Direito, a elite imperial pôde "construir a ordem", na expressão de J. Murilo de Carvalho, ou seja, o Império unificado e centralizado, pois os acadêmicos tornavam-se também escritores, jornalistas, professores, magistrados e políticos que ascendiam aos cargos políticos e administrativos,[4] educando, assim, toda a sociedade para a ordem hierárquica e conservadora. Isso significa dizer que o liberalismo moderado funcionava para os socialmente iguais, tais como eram definidos pela Constituição. A classe senhorial e proprietária aplica-se à defesa dos seus próprios direitos, constituindo-se como "povo" brasileiro pelas estratégias da educação e da cultura, ainda que pelos seus traços mentais pragmáticos e filantrópicos fosse ativa e reivindicativa em assistir e educar também a "plebe".

3. O Império Conservador

Ao longo dos anos 1831-34 um acordo com os radicais tinha levado à aprovação de várias medidas descentralizadoras e propiciadoras das forças locais e das reivindicações populares, inclusive o Ato Adicional de 1834 à Constituição de 1824, que criava Assembléias Legislativas nas Províncias. Para fazer frente a essa ameaçadora "experiência republicana", alguns liberais moderados desencadearam um movimento regressista, que procurou restaurar a **boa ordem** do Império em chave conservadora. Fizeram isso de duas maneiras. De uma parte, estabelecendo a **diferença** em relação aos demais liberais que compactuavam com o que chamavam de desordem;[5] de outra,

---

[4] Lembrar a expressão de Joaquim Nabuco: "... As Academias são a ante-sala das Câmaras Legislativas".

[5] Como disse o maioral dos "regressistas", Bernardo Pereira de Vasconcelos: "Fui liberal, então a liberdade era nova no país e estava nas aspirações de todos, mas não nas leis, não as idéias práticas: o poder era tudo: fui liberal. Hoje, porém, é diverso o aspecto da sociedade: os princípios democráticos tudo ganharam e muito comprometeram; a sociedade que então corria o risco pelo poder, corre agora o risco pela desorganização e pela anarquia. Como então quis, quero hoje servi-la, e por isso sou regressista. Não sou trânsfuga, não abandono a causa que defendo no dia de seus perigos, de sua fraqueza; deixo-a no dia em que tão seguro é o seu triunfo que até o excesso a compromete." (Citado em Mariotto Haidar, *O Ensino Secundário no Império Brasileiro*, p. 24).

distinguindo-se deles hierarquicamente, isto é, deixando para eles o governo do mundo privado, a sua liberdade de senhores de escravos no âmbito de suas propriedades, ao passo que eles próprios assumiam o governo do Estado, o mundo público, exercido sobre toda a sociedade de senhores, escravos e homens livres. Ilmar R. de Mattos usa a imagem da Penélope mitológica tecendo e desfazendo um infindável manto para explicar o incessante recomeçar das práticas **centralizadoras** mediante as quais esses proprietários de terras e escravos **conservadores** vão, entre 1835 e 1870, construir o Império unificado e, ao mesmo tempo, se constituir como classe senhorial. O objetivo deles é, mantendo a hierarquia dos "três reinos" do povo, da plebe e das coisas, promover mudanças na sociedade brasileira que consigam preservar a ordem (dirigindo e promovendo a expansão da classe senhorial escravista) e difundir a civilização (superando a "barbárie" dos sertões e a "desordem" das ruas, o atraso do passado colonial e as tendências localistas dos liberais mais radicais, além de usufruir dos benefícios do progresso e da razão modernos).

Como a origem geossocial desses liberais moderados que se tornam depois conservadores era a região de Saquarema, na província do Rio de Janeiro, onde plantavam açúcar e café, e visto que eles usaram sua experiência político-administrativa nessa região como uma espécie de laboratório das medidas que tomaram quando a partir do Gabinete da Conciliação (1853) ocuparam o poder Central do Império – a "Coroa" –, esse autor usa a expressão "tempo saquarema" para designar tanto o período quanto o traço mental da sociedade no Império brasileiro.

A centralização permite o olhar vigilante do governo saquarema sobre toda a sociedade, olhar este, por sua vez, exercido mediante procedimentos de controle e moldagem centralizados, para garantir a ordem e a civilização: a nomeação dos presidentes das províncias; o controle dos impostos; a promoção de Exposições Nacionais para exibir os resultados de um padrão ordenado de trabalho em todo o território do Império (a primeira delas data de 1861); a difusão da literatura de autores como Joaquim Manuel de Macedo, que descreve os comportamentos adequados à "boa sociedade"; e o fortalecimento do modelo escolar e da forma escritural das relações sociais.

Ainda que a Lei de 1834 pudesse ser interpretada como propiciadora da competência **acumulada** dos poderes provinciais e da Coroa na oferta de um sistema nacional de ensino e no controle da instrução escolar, pois permitia que as Assembléias Provinciais criassem novas escolas elementares, secundárias e superiores, os conservadores, para manter a ordem (escravista) e colocar o Império ao lado das nações civilizadas (modernas), vão praticar uma **partilha** das competências entre a Assembléia Legislativa Geral, as Assembléias Legislativas Provinciais e a iniciativa privada. De que modo? Deixando a cargo das Assembléias Provinciais o ensino de primeiras letras e os cursos de formação de seus professores, e sob o controle da

Assembléia Geral e dos ministros do Império, o ensino superior em geral e as aulas da própria capital do país; e, promovendo em relação ao secundário, como mostrou M. de Lourdes Mariotto Haidar, uma pseudodescentralização, isto é, entregando-o aparentemente às províncias, mas, de fato, para controlar a procura pelos cursos superiores, mantendo-o todo o tempo sob o controle do poder central. Para conseguir este resultado, o poder central criou apenas um estabelecimento de ensino secundário, o Colégio Pedro II (1837), na Corte, e impediu que os liceus e ginásios secundários criados pelas províncias e pela iniciativa privada dessem acesso direto às Academias – como era o caso do Pedro II – obrigando os alunos deles a fazerem exames de ingresso aos cursos superiores.

Sem a equiparação dos seus estabelecimentos ao colégio da Corte, as províncias abandonaram seus liceus e ginásios, desobrigando-se do ensino secundário: a província de São Paulo, por exemplo, criou em 1846 dois Liceus, em Taubaté e Curitiba, mas eles já não funcionavam na década de 1850, e em 1868 o secundário foi nela legalmente desoficializado. Esse nível de ensino acabou, assim, sendo oferecido pelos particulares na forma de cursos **avulsos** das disciplinas preparatórias aos exames de ingresso, ainda que os estabelecimentos fossem anunciados sob os títulos de colégios, liceus, ou ateneus. Davam uma preparação rápida e específica para os exames, contrariando a tendência contemporânea que predominava nos países europeus, de criação de estabelecimentos organicamente formadores dos adolescentes, cujos currículos eram integrados por cursos regulares, seriados e simultâneos de estudos enciclopédicos.[6] O peso dos cursos parcelados foi de tal monta que o próprio Colégio Pedro II acabou por realizar exames finais por disciplina, e não por série (Reforma Paulino J. de Souza, de 1870), e aceitar matrículas avulsas, freqüência livre e exames vagos (Reforma Leôncio de Carvalho, de 1878) no lugar dos cursos seriados e regulares.

Mariotto Haidar considera que o padrão ideal do ensino secundário brasileiro no Império era o Pedro II, com o seu título de bacharel e o seu curso regular e seriado de estudos literários e científicos, preparatórios aos cursos superiores e também às carreiras comerciais e industriais exigidas pelos conservadores modernos. Mas o padrão **real** foi fornecido pelo curso de preparatórios, que ensinava de forma parcelada e avulsa apenas os conteúdos oficiais, predominantemente humanísticos, que seriam verificados nos exames controlados pelo poder público central.[7]

---

[6] A influência mais forte vinha da França, que desde Napoleão tinha restaurado a forma escolar colegial preterida pelos ilustrados e a Revolução Francesa e, em particular, das reformas Cousin-Guizot de 1833.

[7] Para as Academias de Direito, por exemplo, exigia-se aprovação em latim, inglês e francês, história e geografia, retórica e filosofia racional e moral, aritmética e geometria. A gramática portuguesa somente será incluída nos exames a partir de 1871. As listas de "pontos" e compêndios adotados eram também determinadas pelo poder central, sendo publicadas com antecedência no *Diário Oficial do Império*.

Essa duplicidade de possibilidades de acesso, pelos cursos regulares e pelos parcelados, pode ser vista como "democratizadora"? Ou, como diria Ilmar de Mattos, é uma das manifestações da "teia de Penélope", tecida com sucesso na escola e na sociedade ao longo do tempo saquarema?

Para ajudar a pensar essa questão, podemos considerar os seguintes dados retirados de Boris Fausto (*História do Brasil*, p. 237):

- 16,85% da população entre 6 e 15 anos freqüentava escolas em 1872;
- havia 12.000 alunos matriculados nos colégios secundários e 8.000 nas Academias do Império.

Isso quer dizer que o secundário funcionava mesmo como propedêutico ao superior, retendo apenas um terço dos alunos que se dirigiam às Academias do Império, ou seja, a barreira antidemocrática da escola brasileira do Império conservador estava instalada antes, entre a escola elementar e o colégio secundário.

Com um ponto de corte tão baixo, a ação conservadora nem precisava usar do direito de criar escolas de primeiras letras no território nacional para diferenciar e distinguir a camada senhorial do todo da população. Como diz Mariotto Haidar, o Centro **não** foi centralizador no ensino elementar e normal. Aqui, o exercício do "olhar vigilante" da Coroa sobre os poderes locais deu-se pela criação de Inspetorias de Ensino, estas sim implantadas em todas as províncias: com funções fiscalizadoras dos estabelecimentos públicos e particulares, elas procuravam uniformizar a organização das aulas, as práticas docentes e os métodos e programas de ensino, com vistas a difundir pela cultura letrada o modelo unificado de civilização definido pelos saquaremas. Fora desse espaço, isto é, para aqueles que a escola não alcançava, a ação se deu por intermédio da reordenação pelo Estado daquela rede de instituições criadas pela geração da Independência e voltadas para as "sobras da sociedade", como os criminosos, os doentes, os indígenas e os órfãos, e que eram em si educativas, pois cheias de práticas de controle, como mostrou muito bem Célia Giglio para a província de São Paulo.

Já naqueles níveis que permitiam constituir os cidadãos ativos, isto é, no ensino secundário e superior, se de um lado, aconteceram movimentos mais sutis de direcionamento e controle, como o realizado pela ordem médica, que gestou um modelo de organização escolar em nome da racionalidade científica médico-higiênica, segundo concluiu José Gonçalves Gondra ao examinar as teses de grau defendidas pelos alunos da Faculdade de Medicina do Rio de Janeiro;[8] de outro, sempre houve a intervenção

---

[8] Esse autor mostrou que, entre 1845-92, 16 candidatos escolheram temas relacionados à educação e instrução da infância para os seus trabalhos de tese, pondo em circulação um corpo autorizado de saberes sobre o trabalho educativo e pedagógico que não vinha de autores da pedagogia, mas do discurso médico-higiênico.

direta – ainda que aparentemente descentralizadora no caso do secundário –, procurando, nos termos de Ilmar de Mattos, "criar as condições para monopolizar em proveito próprio os homens que garantiriam a expansão da classe senhorial" (*O Tempo Saquarema*, p. 273). Aqui, bem urdida, a "teia de Penélope" teceu, por sua vez, com êxito o tempo saquarema: nele, o processo de escolarização da sociedade brasileira nos moldes conservadores caminhou lento, oblíquo e restritivamente, mas de modo tentacular e inexorável.

4. O Segundo Liberalismo

A defesa da unidade nacional – nos termos sociais e culturais definidos pelo Regresso conservador dos meados do século XIX – afastara para longe a influência da filantropia ilustrada das primeiras décadas. Mas algo deste discurso progressista voltou no decorrer dos anos de 1860, e, juntamente com os modelos econômicos ingleses e norte-americanos e a influência do pensamento de Comte e Spencer que retomavam cientificamente os ideais da Ilustração do século anterior, formou o quadro mental de inconformismo e ânsia de renovação que deu base para o surgimento de um novo liberalismo: reformista, mas superior, diz Alfredo Bosi, porque defendendo o valor do trabalho livre, a abolição **e** a integração dos negros à sociedade brasileira.

Nesse sentido a influência desse liberalismo **abolicionista** sobre o campo da educação resultará menos em propostas específicas para a inclusão de ingênuos e ex-escravos (que, de fato, chegaram ao Parlamento) do que em propiciar aquilo que M. Cecília C. C. de Souza chama de "desnaturalização da realidade brasileira". Ou seja: ter obrigado os diferentes grupos socioculturais e políticos a olhar a situação do país em comparação com a de outras sociedades modernas que haviam extinguido o trabalho compulsório, e ter exigido deles uma posição acerca do conjunto das condições históricas brasileiras que marcavam o "atraso do Império em relação ao século". Para esses liberais a abolição era parte de um programa mais amplo, que incluía o regime da pequena propriedade, o crescimento da indústria, o voto universal, o ensino primário estatal e gratuito e a liberdade de ensino para a iniciativa privada. Invertendo a lógica do tempo saquarema, esses princípios reguladores do Segundo Liberalismo configuravam o país moderno ao redor de 1870. Sem o querer, apontavam também o fim do Império: por isso não tiveram recepção e realização unânimes, mas contribuíram para difundir na sociedade brasileira a consciência indubitável da necessidade da mudança e da atualização.

No campo da educação, esses liberais conformaram, a partir da década de 1870, um ambiente social e cultural rico não só em debates e polêmicas que discutiam a educação necessária para realizar o país moderno e livre, como também em iniciativas e realizações que encaminham um intenso movimento de escolarização da sociedade brasileira. A disseminação das instituições escolares elementares e secundárias é um fato: em São Paulo, em 1862, a província tinha, funcionando, 79 escolas de primeiras letras masculinas e 64 femininas, dez aulas avulsas de latim e francês e uma de desenho e pintura, ao passo que os estabelecimentos particulares somavam 83 escolas elementares para meninos e 41 para as meninas, mais 47 aulas avulsas de latim, francês, inglês, geometria e aritmética, retórica, história, geografia e filosofia; dez anos depois, já haviam sido criadas 314 escolas públicas elementares masculinas e 197 femininas, e estavam registradas na Inspetoria da Instrução 46 escolas particulares de primeiras letras para meninos e 24 para meninas, mais 24 colégios e dez aulas avulsas de estudos secundários, para única aula pública de latim e francês (Barbanti, pp. 33, 36).[9] Isso significa que a escola era, simultaneamente, uma instituição de educação procurada e oferecida à população, o que justificava que os diferentes grupos socioculturais disputassem o seu controle.

Acompanhando Mariotto Haidar na recuperação que ela faz das posições enunciadas nas últimas décadas do Império, vemos que os conservadores puros continuam insistindo tanto na utilização da mão-de-obra escrava quanto no ensino elementar e secundário deixado por "tradição" às províncias; mas os moderados já reivindicam a **presença** do Centro no âmbito do ensino elementar, para tornar de vez nacional e atualizada a organização do ensino de primeiras letras. Representativo destas vozes é o deputado Cunha Leitão, que dizia em 1875, na Câmara:

> O Brasil, senhores, não tem ainda uma educação nacional (...). É na escola que se prepara a educação nacional; será pela escola que se há de conseguir a consolidação de nossa unidade política. O meio de assim erguer e reabilitar a escola é organizar a instrução do Império segundo um plano geral, e dar à escola a feição especial que o século XIX lhe tem assinalado.[10]

Escusa dizer que esses objetivos não contemplavam a inserção dos negros na cidadania. Também os novos liberais solicitam a intervenção da Coroa na formulação de **diretrizes** gerais: Rodolfo Dantas, em 1882, afirmava não ter o governo o direito de ser indiferente ao cultivo da inteligência popular, ecoando Tavares Bastos e Liberato Barroso, os quais, já em meados da década de 1860, embora conhecidos defensores das franquias provinciais, se manifestavam favoráveis à participação efetiva do Centro, até então desenfatizada.

---

[9] Muitos estabelecimentos não eram alcançados pela fiscalização: para uma avaliação mais realista das escolas femininas no período, ver os dados que recolhi em *Tempos de Escola* (2000).

[10] Citado em Mariotto Haidar, *O Ensino Secundário no Império Brasileiro*, p. 45.

Outro ponto que recebeu adesão de liberais e conservadores foi a defesa da liberdade irrestrita dos **particulares** no ensino secundário, combatida apenas pelos católicos ultramontanos, que temiam o crescimento das correntes anticlericais. Em 1864 vozes liberais radicais já se faziam ouvir de novo, na Corte, marcando sua diferença em relação aos conservadores e aos liberais moderados pela recuperação das teses de 1831-1834, entre elas, a abolição do elemento servil e o ensino livre do controle do governo monárquico em todos os seus graus. Liberato Barroso confia tanto na força da iniciativa privada que reivindica, como público, o ensino gratuito, obrigatório, leigo e livre, não estatal. Cunha Leitão não pede apenas liberdade de ensino aos particulares: quer que os seus diplomas sejam equiparados aos fornecidos pelo estabelecimento oficial, o Colégio Pedro II. Leôncio de Carvalho, liberal extremado na defesa dos direitos individuais, decretou, entre 1878-79, quando ministro do Império do Gabinete Sinimbu, a liberdade de cátedra e o ensino livre da fiscalização centralizada do governo para o próprio Pedro II e as escolas superiores de todo o Império, segundo o modelo norte-americano de cursos livres, matrículas avulsas, freqüência livre e exames vagos.

Na contramão dessas proposições de ausência do Estado na obra educativa posiciona-se Rui Barbosa, ao reafirmar nos seus pareceres de 1882 às medidas decretadas pelo ministro Leôncio a superação do atraso e a modernização do país mediante a ação **ampliada** do Estado, demiurgicamente investido da tarefa de constituir o cidadão ativo, que somente terá direito de voto após ser qualificado – do jardim de infância aos cursos superiores – pela instrução pública e estatal. Para Rui, diz Vera Valdemarin Gonçalves no seu *O Liberalismo Demiurgo*, o Estado, e não os particulares regidos pelas leis do mercado, é que pode praticar uma ação educativa caracteristicamente protetora, garantidora, ampla, sistematizadora e múltipla.

Da iniciativa privada os liberais da segunda geração esperavam ainda a introdução das **inovações pedagógicas** que eram associadas na Europa e nas Américas à educação escolar atualizada: aqui também elas possibilitariam o atendimento às aspirações de modernidade, inclusive aquela da formação dos trabalhadores nacionais e estrangeiros – e para os autenticamente liberais, dos ex-escravos. No ensino elementar são: jardins da infância, "classes despertadoras", ensino simultâneo de leitura e escrita, conteúdos seriados, disciplina branda, metodologia intuitiva, aulas de "lições de coisas", aulas noturnas de alfabetização, métodos rápidos e práticos de ensinar a ler; no secundário são: matérias científicas não trabalhadas nos cursos avulsos de preparatórios, como língua portuguesa, física, química e história natural, ensino prático em laboratórios, ensino leigo, classes de formação de professores, sobretudo nos colégios de meninas, cursos noturnos de formação profissional, congressos e exposições pedagógicas, novos compêndios...

Para ambas as correntes havia uma cornucópia de modelos administrativos e pedagógicos à disposição: eles vinham das Exposições Universais instaladas na década de 1870, nas grandes capitais da Europa, cujos trabalhos das secções de Educação foram reproduzidos no *Dictionaire de Pédagogie*, de Ferdinand Buisson (1882), que alcançou difusão internacional e foi muito lido aqui; dos relatos dos delegados aos Congressos Pedagógicos Internacionais; da legislação estrangeira, sobretudo as do sistema escolar da Prússia, divulgada na Corte desde fins da década de 1860 por Joaquim Teixeira de Macedo, e da França republicana, que no início da década de 1880 foi consubstanciada na reforma Jules Ferry; dos relatórios de Hippeau sobre a educação nos Estados Unidos e na Inglaterra, republicados na íntegra no *Diário Oficial do Império*, em 1871 e 1874; da literatura pedagógica internacional, comprada por intermédio dos catálogos de obras que os livreiros nacionais e do exterior remetiam pelos correios para todas as províncias do Império; das sugestões que viajantes estrangeiros divulgavam em sua passagem pelo Brasil; dos novos materiais pedagógicos, que os agentes comerciais das grandes firmas importadoras exibiam nos seus catálogos de mercadorias; da prática pedagógica dos colégios americanos de confissão protestante, utilizada como estratégia de penetração missionária. Enfim, todo um conjunto de diretrizes, métodos, procedimentos e conteúdos **modernos**, que foi posto em circulação e pôde ser discutido, experimentado e aprovado, desde a década de 1870 – como se pode ler, por exemplo, nos trabalhos sobre o Colégio Florence, uma instituição de ensino para meninas, de inspiração pestalozziana, o Colégio Culto à Ciência, criação de cientificistas maçons, e o Colégio Internacional, de confissão presbiteriana, todos em Campinas, interior paulista –, estabelecendo um novo padrão de escolarização para a sociedade brasileira.

Ao mesmo tempo as permanências são muitas. Elas podem ser identificadas, por exemplo, na difícil trajetória da escola normal, cuja história, recuperada por Heloísa Villela e Leonor Tanuri, expõe de maneira modelar tanto as tentativas de afirmação dessa instituição enquanto espaço único de formação dos professores elementares quanto, se lida pelo avesso, a resistência dos mestres que defendem o **seu** fazer docente, acumulado pela tradição. Apesar das reivindicações das vozes autorizadas e das iniciativas dos legisladores, os professores da Escola Normal de São Paulo, por exemplo, continuavam, em 1882, decidindo quando, onde e como organizar as atividades de ensino:

> O estabelecimento tem, é verdade, bons professores, mas não estão sujeitos a um programa de sorte que haja certa uniformidade no ensino das diversas matérias. Cada qual leciona como julga melhor e desenvolve os pontos do programa regulamentar como bem lhe apraz. Daí vem notar-se, logo ao primeiro exame, uma falta de acordo no modo de formar o mestre. Leciona-se ali como nos colégios com o fim de instruir os alunos abrigando-os apenas a adquirir dentro de pouco tempo os conhecimentos possíveis. (...) Ensina-se em uma aula anexa, a do sexo masculino, pelo método João de Deus e

os alunos saem da escola ignorando esse método! São incapazes de fazer aplicações dos métodos Pestalozzi e Froebel e talvez nem os compreedam. (...) Ensina-se geografia sem mapas, sem globos (...). As aulas de química e física funcionam há mais de dois anos e não existe na casa um só aparelho nem mesmo desses que se encontra por aí em qualquer botica de aldeia! (...) O inteligente professor da aula anexa, por mais que procure seguir os métodos em voga e dar um ensino intuitivo, nada pode fazer porque falta-lhe tudo. Se tem na sua sala os quadros para a leitura conforme o método João de Deus, deve-os ao dr. Martinho Prado Júnior, (...) que fez presente de uma coleção àquela aula" (Editorial do *A Província de São Paulo*, 24/10/1882).

Bibliografia

ADORNO, S. *Os aprendizes do poder*: o bacharelismo liberal na política brasileira. Rio de Janeiro: Paz e Terra, 1988.

ALGRANTI, L. M. *D. João VI:* os bastidores da Independência. São Paulo: Ática, 1987.

ALVES, C. M. C. "Estado conservador e educação no Brasil: o caso do Liceu Provincial de Niterói (1847-1851)". Nunes, Clarice (org.). *O passado sempre presente*. São Paulo: Cortez, 1992.

BARBANTI, M. L. S. Hilsdorf. "Escolas Americanas de Confissão Protestante na Província de S. Paulo: um estudo de suas origens". São Paulo: FEUSP, 1977.

BARROS, R. S. Maciel de. *A ilustração brasileira e a idéia de universidade*. São Paulo: Convívio/Edusp, 1986.

BOSI, A. "A Escravidão entre Dois Liberalismos". *Dialética da colonização*. São Paulo: Companhia das Letras, 1992.

CARVALHO, J. Murilo de. *A construção da ordem*: a elite política imperial. Rio de Janeiro: Campus, 1980.

COLLICHIO, T. A. F. "A Contribuição de Joaquim Teixeira de Macedo para o pensamento pedagógico brasileiro". São Paulo: FEUSP, 1976.

CUNHA, L. A. *Educação e desenvolvimento social no Brasil*. 4ª ed. Rio de Janeiro: Fr. Alves, 1979.

FALCON, Fr. J. C. *O Iluminismo*. São Paulo: Ática, 1989.

FAUSTO, B. *História do Brasil*. São Paulo: Edusp/FDE, 1994.

GIGLIO, C. "Uma genealogia de práticas educativas na província de São Paulo (1836-1876)". São Paulo: FEUSP, 2001.

GONÇALVES, V. V. *"O Liberalismo Demiurgo: estudo sobre a reforma educacional projetada nos Pareceres de Rui Barbosa"*. São Paulo: FEUSP, 1994.

GONDRA, J. G. *Artes de Civilizar: Medicina, Higiene e Educação escolar na Corte Imperial.* São Paulo: FEUSP, 2000.

HILSDORF, M. L. *Tempos de escola*: a presença feminina na educação-São Paulo-Século XIX. São Paulo: Plêiade, 1999.

_____ . *"Francisco Rangel Pestana: jornalista, político, educador"*. São Paulo: FEUSP, 1986.

KUHLMANN, M. Jr. *As grandes festas didáticas*: a educação brasileira e as exposições internacionais (1862-1922). Bragança Paulista: Edusf, 2001.

MARIOTTO Haidar, M. de L. *O ensino secundário no Império brasileiro.* São Paulo: Grijalbo/Edusp, 1972.

MATTOS, Ilmar R. de. *O tempo saquarema.* São Paulo: Hucitec, 1991.

MERCADANTE, P. *A consciência conservadora no Brasil:* contribuição ao estudo da formação brasileira. Rio de Janeiro: Nova Fronteira, 1980.

MORAES, C. S. V. *"O Ideário Republicano e a educação: o colégio Culto à Ciência de Campinas"*. São Paulo: FEUSP, 1981.

RIBEIRO, A. *A educação feminina durante o século XIX*: O Colégio Florence de Campinas, 1863-1889. Campinas: Centro de Memória da Unicamp, 1996.

SOUZA, M. Cecília C. C. de. *Escola e memória.* Bragança Paulista: Edusf, 2000.

TREVISAN, L. *Estado e educação na história brasileira, 1750-1900.* São Paulo: Morais, 1987.

VILLELA, H. "A Primeira Escola Normal do Brasil". Nunes, Clarice (org.). *O passado sempre presente.* São Paulo: Cortez, 1992.

Capítulo 5
AS INICIATIVAS DOS REPUBLICANOS

Alunos e professores da Escola Normal em 1895 (acervo da EEPSG Caetano de Campos).

AS INICIATIVAS
DOS REPUBLICANOS

Capítulo 5

1. Nosso Ponto de Vista

Vamos olhar o período 1870-1920 como um todo, ultrapassando a divisão da história político-administrativa em Império e República: não porque 1889 não seja importante – pelo contrário, a mudança de regime é um marco político e cultural –, mas porque, desde 1870, a diacronia republicana pode ser percebida coexistindo, cooperando e conflitando com a monárquica, enquanto esta persiste nas primeiras décadas do século XX, já que entre os republicanos há liberais radicais e democratas, mas também muitos liberais não abolicionistas e mesmo homens de mentalidade conservadora.

2. Um Período de Transformações

Entre as transformações que ocorrem no período 1870-1920 podem ser apontadas as seguintes:

- a remodelação das relações de trabalho do regime escravo para o do **trabalho livre e assalariado**, defendida e praticada pelos cafeicultores-empresários do centro-oeste paulista. Praticando o imigrantismo, eles fazem de São Paulo o novo pólo econômico da Nação. Essa remodelação já vinha sendo ensaiada na província desde meados da década de 1850, nos regimes de "parceria", dos quais pode ser apontada como experiência pioneira a Colônia de Ibicaba, do senador Vergueiro, na região de Limeira;

- o crescimento dos setores de prestação de serviços e da pequena indústria (têxtil, por exemplo), associada ao início da urbanização, ao crescimento das camadas médias e ao aparecimento de um proletariado urbano formado pelos imigrantes que, chegados ao país, abandonam o trabalho na zona rural e passam às cidades. A relação **imigração-urbanização** já foi estabelecida pela bibliografia; uma novidade é que atualmente os autores a explicam não apenas pela expulsão dos imigrantes do campo, em virtude do crescimento da grande propriedade monocultora na sua "marcha para o oeste paulista", mas também porque eles escolhem ir para a cidade para poder exercer as atividades industriais e artesanais que já praticavam nos seus países de origem. Muitos imigrantes, de fato, não eram trabalhadores rurais, mas urbanos, e chegavam com um pequeno pecúlio que lhes permitia estabelecer-se nas cidades e desenvolver uma atividade profissional no artesanato ou na indústria. Assim, a bibliografia atual fala no "êxito dos imigrantes", tanto nas cidades quanto no campo, onde muitos deles conseguiram tornar-se pequenos e médios proprietários. É importante lembrar que, da perspectiva do capital, é pelo crescimento desses setores do comércio e serviços no processo imigração-urbanização que vai se dando a formação da camada de empresários industriais, muitos deles também agroexportadores. Da perspectiva dos trabalhadores verifica-se a formação do proletariado urbano pelos imigrantes estrangeiros e também pela migração do trabalhador nacional, além do processo de marginalização dos ex-escravos;

❑ a presença forte do **capital estrangeiro**: no início, capitais ingleses e, depois, norte-americanos, o que ajuda a entender a "aproximação a Washington" nos campos da política e da cultura que ocorre no período;

❑ a intensa circulação de novas tendências de pensamento – um "bando de idéias novas que, nascidas no além-mar atravessam o Atlântico", como dizia Sílvio Romero –, indicando, para alguns autores, o fenômeno da importação e, para outros, o da circulação das idéias. Uma delas é o **positivismo**, que teve ampla aceitação na sociedade brasileira, não apenas pelo seu cientificismo, isto é, enquanto proposta de cultivo das ciências modernas como base do progresso, como ainda pela sua ética cívica de respeito à lei e ao princípio do bem comum. Outra é o **industrialismo** cosmopolita, do qual são exemplares as ações de Rui Barbosa no Ministério da Fazenda e a de Benjamin Constant no Ministério da Educação, os quais, já nos anos 1890-91, promoveram iniciativas econômicas e educacionais de interesse dos industriais, desviando a ênfase na agricultura. Como interlocutor dessas tendências permanece o **ruralismo**, ideologia que colocava a idéia da vida campesina como o ambiente ideal para a formação de homens perfeitos, porque apresentado como "natural", levando a sociedade ao dever de prestigiar todas as iniciativas de interesse dos cafeicultores;

Capítulo 5: As Iniciativas dos Republicanos

- o **fim da monarquia**, cuja causa pode ser relacionada às disputas pelo poder político entre segmentos das classes dirigentes, com os militares compondo-se com os cafeicultores organizados nos Partidos Republicanos provinciais e com uma pequena parcela de representantes das camadas médias urbanas. Muitos autores, como J. Murilo de Carvalho, acentuam a ausência do povo nesse processo, o que aproximaria a proclamação da república brasileira de um movimento golpista, instaurador de uma ditadura típica dos governos caudilhistas sul-americanos.

Os republicanos vão defender o modelo federativo, que preserva as forças locais e regionais, mas é importante considerar as diferenças, sobre esse ponto, entre os **projetos** do partido republicano de São Paulo e da Corte, os dois maiores centros de propaganda nas décadas de 1870 e 1880.[1] Segundo José Ênio Casalecchi, no Rio, onde as camadas médias eram mais expressivas que os cafeicultores na composição da base social do grupo, os republicanos articulavam-se em torno da defesa dos princípios liberais e democráticos, eram mais "jacobinos", tendência evidenciada pelo uso mais freqüente do léxico "povo" nas suas falas e pela proposta que faziam de fim imediato da escravidão. Sua organização partidária é menos forte. Já em São Paulo, o "afluente agrário" dos cafeicultores não abolicionistas na corrente republicana era mais poderoso e marcou o partido com uma postura de defesa cerrada da imigração e da federação. Eles também organizaram um partido forte que fez intensa propaganda oral e escrita do novo regime, usando sempre em associação os léxicos "democracia ou república", "progresso ou futuro" e "modernidade ou instrução" para estabelecer o padrão de excelência do novo regime que propunham.

Depois do 15 de novembro os cafeicultores conquistam, além do poder econômico, também o comando político e social, através das seguintes etapas:

- inscrevendo a descentralização política na Constituição de 1891, que organiza o país em uma federação liberal, de base agrícola, como eles queriam, embora na **prática** a república dos fazendeiros se mostre oligárquica, isto é, dominada pelo grupo dos agroexportadores de café sediados no centro-oeste paulista, responsáveis, na época, por 72,5% das exportações;

- elegendo como presidentes, desde 1894, contra os militares e os industrialistas, os representantes dos cafeicultores paulistas e mineiros (a chamada "política do café com leite");

- pondo em prática o mecanismo da "política dos governadores", que tinha como objetivo facilitar, para esse grupo sociopolítico, a formação de

---

[1] Comparar, por exemplo, com a situação da Bahia, na qual o Clube Republicano Federal, fundado em meados de 1888, passou a Partido Republicano apenas em 12/1/1889, o que ajuda a entender o republicanismo baiano como "permanência do personalismo monárquico".

estruturas de dominação estáveis nas unidades da federação por meio do estabelecimento de estreitas relações de poder entre presidentes, governadores, deputados e o poder local representado pelos "coronéis", isto é, os mandatários locais.

3. Os Republicanos e a Educação

Muitos autores têm já mostrado que, ao proclamarem no Manifesto Republicano de dezembro de 1870 a opção pela forma evolutiva de **conquista** do poder político, seus signatários indicavam também mais duas coisas: que fariam uma reforma pacífica das instituições, ao invés de uma radical revolução social (com a abolição da escravidão e da grande propriedade, por exemplo), e que sua mentalidade era predominantemente liberal moderada, com uma visão conservadora da democracia. Pela via evolutiva, a sociedade brasileira seria transformada indireta, lenta e acumulativamente, "pelo alto", ao ser ensinada – mediante a militância dos propagandistas republicanos na imprensa, no Parlamento, nos atos políticos cotidianos e nas instituições escolares – a olhar criticamente o regime monárquico como corrupto e atrasado e a reconhecer as vantagens de uma república descentralizada e federativa, amiga da ordem e do progresso modernos. A educação pelo **voto** e pela **escola** foi instituída por eles como a grande arma da transformação evolutiva da sociedade brasileira, e assim oferecida em caução do progresso prometido pelo regime republicano: a prática do voto pelos alfabetizados e, portanto, a frequência à escola que formaria o homem progressista, adequado aos tempos modernos, é que tornariam o súdito em cidadão ativo.

Mais recentemente Marta Carvalho ampliou essa compreensão, precisando **quem** é esse cidadão que os republicanos focalizavam. Dizendo no seu *A Escola e a República* (pp. 23-38) que "no imaginário republicano a escola é emblema da instauração da nova ordem", ela remete para o projeto dos cafeicultores paulistas de criação de uma sociedade branca, imigrante, estratificada em camadas, com direitos e deveres diferenciados segundo a sua posição no mundo do trabalho, e mostra que seu "afã pedagógico" é uma alegoria da opinião **imigrantista**, pois se trata de ter (transplantada) uma outra população – a imigrante – no lugar da escrava e, homologamente, criar (transplantada) uma nova escola/sociedade – a republicana – no lugar da monárquica.

Assim, por conta das teses liberais e democráticas moderadas, isto é, **não** abolicionistas, dominantes entre os republicanos desde 1870, colocando a educação como fator de resolução de problemas sociais, e porque havia a necessidade objetiva de integrar e disciplinar sobretudo a população imigrante para o trabalho na grande lavoura cafeeira, projetar e realizar a educação escolarizada torna-se a **tarefa** republicana por excelência, tanto na fase da propaganda quanto na fase de instituição do regime.

4. A Escola Republicana

Vimos anteriormente que o discurso sobre a educação escolar estava na boca de todos, não era privilégio dos republicanos: homens de letras, jornalistas, políticos, padres e ministros evangélicos, proprietários e homens do povo expressam interesse pela questão da escolarização da sociedade brasileira. As mulheres são tão reivindicativas que, ao recolher e analisar inúmeras manifestações de escritoras e jornalistas da segunda metade do século XIX sobre a importância do estudo e mesmo do aprendizado de uma profissão específica para o seu desenvolvimento pessoal e a conquista de uma nova posição social, Maria Thereza Bernardes não hesitou em dar ao seu trabalho o título de *Mulheres de Ontem?*, aproximando-as das ativistas do século XX.[2] Fossem liberais, democráticas ou conservadoras, as forças políticas movimentam-se para controlar as instituições educativas e seus agentes e impor-lhes de modo definitivo a forma escolar como a mais adequada e eficaz para ministrar instrução e conformar a sociedade. Nessa linha, Jorge Nagle, na sua tese de 1966, viu as décadas entre 1870 e 1920 como tomadas por um "fervor ideológico" e um "entusiasmo pela educação" muito característicos, no sentido de ter-se configurado na sociedade brasileira um clima, um ambiente social e cultural, no qual proliferavam não só debates e polêmicas que discutiam a educação, como também iniciativas e realizações no campo escolar.

Nesse sentido a proposta republicana **partilhava**, com as demais, certas tendências da época: ser oferta antecipatória, na medida em que a escola era pensada como parte de uma totalidade, de um projeto político que se antecipava às reivindicações de outros setores da sociedade; ser dualista, pois, embora fosse preciso fornecer ensino a toda a sociedade, não se tratava de oferecer todo o ensino para toda a sociedade; ser preocupada com a extensão da escola elementar, reivindicando a alfabetização das massas. Assim, o projeto republicano pensa e oferece a escola nos moldes dos cafeicultores, antes que outras diferentes camadas sociais a reivindicassem nos seus próprios

---

[2] Veja-se a manifestação que aparece no *O Jornal das Senhoras*, 20/8/1852 (Rio de Janeiro): "Quando a maior parte dos pais de família procurarão dar uma educação às suas filhas, franca, completa e liberal? Quando não se depreciarão as suas faculdades intelectuais e quando finalmente tentar-se-á cultivar a sua inteligência, deixando que a liberdade do pensamento flutue em seus escritos? Não entendo que uma mulher por saber música, tocar piano, coser, bordar, marcar e escrever tenha completado a sua educação..." (p. 138); e outra, no *A Família*, 16/1/1890 (Rio de Janeiro): "À vista dos fatos, temos necessidade, nós mulheres, de aderirmos às leis e fenômenos da inteligência; temos precisão de entrar nas grandes batalhas oriundas do estudo e das meditações; temos quase a necessidade, obrigação mesmo de como impulsoras do progresso, ir avante nessa vanguarda do Fiat Lux do adiantamento intelectual das escritoras brasileiras" (p. 154).

moldes; propõe ensino elementar e profissional para as massas e educação científica para as elites "condutoras do processo" e reivindica ampla educação popular.

Um quarto traço comum – que começa a ser explorado pelos estudiosos – era a preocupação com a qualidade, uma vez que, para nenhum dos grupos se tratava de uma escola qualquer. No caso dos republicanos, seguindo a leitura que M. Lou Paris fez do projeto sustentado por eles no jornal *A Província de São Paulo*, podemos conhecer os modelos de educação escolar aceitos ou recusados por eles, no período de propaganda, entre 1875 e 1889: a escola pública monárquica, a iniciativa privada comercial e a confessional católica eram **recusadas**, porque consideradas corrompidas e atrasadas, pois ofereciam um ensino ultrapassado, "metafísico" e incompleto, como os ministrados nos colégios secundários de cursos parcelados de preparatórios às Academias superiores; já as escolas particulares de responsabilidade de americanos de confissão protestante, de positivistas e de cientificistas, que ofereciam ensino elementar enriquecido e um secundário formador em cursos seriados, integrados e simultâneos, eram **aceitas** como alternativas modernas, enquanto o estado republicano não se tornasse o Estado educador, ministrando a escola **ideal**. Esta, segundo a autora acima, formaria o cidadão em todas as dimensões adequadas para a vida moderna: a política, isto é, segundo os princípios democráticos, mediante um ensino leigo, neutro, apartidário; a econômica, isto é, capitalista, agrícola ou urbana, por meio de liceus científicos ou escolas profissionais, assistenciais e filantrópicas, conforme os cidadãos integrassem o setor da administração ou o da mão-de-obra; a social, isto é, civilizada, pela aquisição de hábitos morais de base racional e científica; e, finalmente, a individual, isto é, de prosperidade pessoal, como é objetivo da mentalidade liberal.

A análise de Paris é interessante sobretudo porque considera as implicações sociais e políticas das escolas representadas como alternativas ou ideais pelos republicanos. Se dermos destaque aos aspectos pedagógicos, podemos avançar o outro traço que as identificava com a boa escola: elas praticavam a pedagogia **moderna**, definida pelo método intuitivo, no qual são importantes o olhar, o ver e ser visto, a observação e o escrito, e pela organização escolar regida pelos princípios da racionalidade científica e da divisão das tarefas. Anunciada como a mais adequada para conformar a mentalidade progressista do homem urbano, civilizado e republicano, essa concepção era contraposta à pedagogia tradicional da memorização, da oralidade, do ouvir e do repetir falando, própria da monarquia atrasada.

Apesar dessas representações que os propagandistas republicanos punham em circulação, era inquestionável que a pedagogia moderna recebia a adesão de muitos liberais: no início da década de 1880, na Corte, Rui Barbosa e Leôncio de Carvalho lideravam a ala mais "adiantada em educação" do partido Liberal, mas também na pequena província do Espírito Santo, seu presidente, o liberal e positivista Inglês de

Souza, preparava em 1882 uma reforma de ensino inovadora nos seus aspectos pedagógicos e sociais (Novaes, 2001). Qual era, então, o diferencial do projeto republicano em relação aos demais? De onde vinha a sedução republicana?

A estratégia de que se serviram foi reforçar a associação "bons frutos/boa árvore", no sentido de proclamar que nem os conservadores nem os liberais mais adiantados poderiam sustentar de forma continuada e genuína uma ação educativa moderna, uma vez que estavam presos às estruturas conservadoras e centralizadas do Império. Para os republicanos, a escola pública era dominada pelos chefes políticos e o professor se comportava como um cliente dos partidos monárquicos. Mesmo as propostas pedagógicas apresentadas pela vanguarda liberal mais avançada **não** configuravam uma solução para o atraso educacional do país: não havia saída no interior da monarquia, esta sempre seria causa e não remédio da ignorância da sociedade brasileira. O que os propagandistas republicanos diziam é que somente eles tinham condições de, ouvindo as reivindicações populares, agir em defesa das suas necessidades mais prementes de representação política, autonomia e progresso material e moral, e garantir-lhes o acesso por meio de uma educação moderna disseminada, pois estes princípios estavam inscritos **apenas** no regime republicano.

4.1 Rangel Pestana, educador republicano em São Paulo

Tendo no horizonte a metáfora da má árvore que não pode dar bons frutos, vamos acompanhar um pouco esses republicanos em ação, estudando o caso de Rangel Pestana, jornalista, político e educador envolvido exemplarmente com a produção desse projeto de regeneração do país pela educação escolar moderna **e** republicana.

No início da década de 1870, Pestana, que era bacharel em Direito pela Academia de São Paulo, assinou no Rio de Janeiro o Manifesto Republicano. Concretizando as diretrizes do grupo carioca de focalização no que era "popular", apresentadas anteriormente, Pestana envolveu-se, entre outras atividades, com a criação da Escola do Povo, inaugurada na Corte em agosto de 1873. Empreendimento coletivo de um grupo de republicanos, essa escola oferecia **educação popular** em cursos gratuitos, públicos, isto é, livres das regras do ensino oficial monárquico, para ambos os sexos, com ensino elementar diurno e cursos noturnos para trabalhadores, e conteúdos relacionados aos temas de democracia e conhecimento científico. Em São Paulo esse modelo foi reproduzido na Sociedade Propagadora da Instrução Popular, também de 1873 (recriada como Liceu de Artes e Ofícios em 1882), com o objetivo de preparar profissionais para a agricultura, a indústria e o comércio, como fotógrafos, serralheiros, pedreiros, alfaiates, litógrafos, maquinistas e outros. Pestana colaborou intensamente com essas instituições, tanto diretamente, ministrando cursos e participando de exames, por exemplo, quanto indiretamente, dando-lhes apoio como jornalista. O efeito multiplicador dessas instituições tornou-se visível pela criação de inúmeras outras Sociedades Propagadoras que ofereciam cursos noturnos para trabalhadores, inclusive libertos e escravos, em cidades do interior da província de São Paulo, como: Batatais, Campinas, Cunha, Itapetininga, Lorena, Rio Claro e outras.

Pestana dedicou especial atenção à questão da educação **feminina**, considerada uma necessidade imperativa para o projeto de modernização da sociedade brasileira, do qual as mulheres participariam desempenhando a função tradicional de esposas e mães de bons cidadãos, mas com formação científica e moral atualizada. Apoiou as iniciativas que apareceram nesse sentido e fundou, ele próprio, em São Paulo, o Colégio Pestana, de meninas (1876), que oferecia um programa de estudos de nível elementar e secundário de inspiração leiga e positivista, com cursos regulares e seriados de línguas antigas e modernas, artes, ciências humanas, naturais e exatas, filosofia, danças e bordados, que um correligionário avaliou como "os caminhos da cultura para a mulher atingir os pólos da existência – o amor e o lar".

Adepto e defensor do **cientificismo**, Pestana participou da criação em São Paulo, da Escola Neutralidade (1884), de nítida orientação positivista, emprestando o seu apoio como palestrante nas festas e cerimônias do calendário escolar e membro de comissões examinadoras dos estudos, e escrevendo editoriais elogiosos sobre ela no jornal que dirigia, o *A Província de São Paulo*.

Rangel Pestana participou também da história do aparecimento e primeiros anos de funcionamento das escolas **americanas** de confissão **protestante**, que foram instaladas na província de São Paulo, nas décadas de 1870 e 1880. Pastores e imigrantes norte-americanos abriram frentes de trabalho catequético e educacional em cidades que eram focos de atuação de liberais radicais e republicanos; estes apoiavam-nos em nome do espírito moderno da religião e da cultura escolar norte-americanas nelas praticadas. Essa modernidade era evidenciada pela participação de adeptos e simpatizantes dessa vertente do protestantismo na vida produtiva e político-cultural da comunidade, pela defesa que eles faziam dos princípios liberais, pelo suporte que tinham do capital privado, sem depender do auxílio oficial, pelo ensino científico e prático que ministravam em suas escolas e colégios, nos quais ofereciam cursos regulares para as camadas mais favorecidas e cursos avulsos de difusão, noturnos, para trabalhadores. Foi o caso da Escola Americana (1870) e do Colégio Morton (1880), de São Paulo, do Colégio Internacional (1873), de Campinas, do Colégio Piracicabano (1881), de Piracicaba, e de outras escolas de menor porte, com as quais Pestana e outros republicanos colaboraram de diferentes modos: lecionando nelas, examinando seus alunos, proferindo palestras, escrevendo artigos em apoio de suas propostas pedagógicas, defendendo-as nas questões jurídicas.

Rangel Pestana também tomou essas instituições alternativas como modelos dos projetos de reforma da instrução pública que, na qualidade de deputado provincial republicano e porta-voz dos cafeicultores, apresentou à Assembléia Legislativa de São Paulo, na década de 1880, e cuja discussão foi marcada por forte polêmica em vista do **enfrentamento** que faziam à política educacional da monarquia. O primeiro deles foi a proposta de aplicação dos recursos provinciais destinados aos eventos comemorativos dos 50 anos da Independência, à melhoria das escolas públicas elementares e secundárias, com a criação de escolas práticas de agricultura e de um Liceu Científico: embora aprovadas, essas instituições seriam instaladas somente na República (na forma de ginásios estaduais e da Escola de Agricultura Luiz de Queiroz), sendo o dinheiro usado, de fato, pelos presidentes da província, na construção do prédio que abrigaria depois o Museu do Ipiranga.

O outro projeto visava a reforma de todo o sistema de ensino provincial, que regido na década de 1880 ainda por leis dos anos 60, estava muito distanciado das necessidades expressas pelo grupo sociocultural dos cafeicultores republicanos e liberais adiantados, que queriam escolas elementares com um conteúdo enriquecido que preparasse o trabalhador qualificado, e escolas secundárias e superiores de ensino científico para as camadas dirigentes, as "mentes científicas". O projeto de reforma teve uma longa tramitação na Assembléia Provincial (1881-87), sendo aprovado em 1885, revogado, reformulado e novamente aprovado e posto em execução em fins de 1887. Seus pontos fundamentais eram: no lugar de escolas de primeiras letras, a criação do curso primário, com estudos seriados, regulares e simultâneos divididos em três níveis e uso da metodologia intuitiva, baseada na observação; criação de um imposto para financiar o ensino público; criação de Conselhos (Provincial e Municipais) para a direção do ensino cujos membros seriam eleitos; e profissionalização do professorado, com a exigência do diploma de normalista para a ocupação das cadeiras e a eliminação da figura dos professores "leigos", isto é, não titulados.

4.2 A Grande Reforma da década de 1890

Muitas das idéias e práticas experimentadas por Rangel Pestana e seu grupo ao longo dos anos 70 e 80 serão retomadas por ocasião da Grande Reforma da instrução pública realizada em São Paulo pelos republicanos cafeicultores, quando chegam ao poder em novembro de 1889, e que foi representada como o **cumprimento** das promessas do período da propaganda.

A obra de um dos companheiros de Pestana, o médico Caetano de Campos, explicitando a pedagogia moderna do ensino intuitivo que seria tomada como base da formação dos professores primários pela reforma anunciada em 27/3/1890, já é bem conhecida. A esse respeito os pesquisadores da história da educação apontam duas coisas. Primeiramente que os reformadores se empenharam menos em desenvolver a teoria pedagógica na Escola Normal do que em **treinar** os futuros mestres nas práticas de observação e reprodução do que faziam os professores da Escola Modelo anexa à Normal, especialmente contratados para servirem de modelos vivos do método aos normalistas. Em segundo lugar, que os republicanos construíram um **monumental** prédio para abrigar essas instituições, "signo que faz ver a nova ordem política", como diz Marta Carvalho, pois o aluno (e a sociedade) aprende também vendo essa arquitetura que reforça as associações: educação popular-pedagogia republicana-pedagogia moderna-observação-visão, e, educação elitista-pedagogia monárquica-pedagogia tradicional-memorização-audição.

Outro republicano histórico, Cesário Motta Jr., ao assumir em fevereiro de 1893 o órgão responsável pela Instrução pública, ordena um diagnóstico da situação do ensino e logo propõe a diretriz de sua atuação: garantir a dignidade profissional dos mestres a partir do pleno domínio da metodologia intuitiva e da aceitação por eles do planejamento **racional** do sistema escolar. Cria, então, os Grupos Escolares, caracterizados pelo agrupamento das aulas avulsas primárias em um único edifício, sob uma única direção e com um corpo docente encarregado de classes de ensino simultâneo, progressivo e seriado dos conteúdos, reunindo crianças com o mesmo nível de aprendizagem. Essa organização possibilitava a divisão racional, que é também hierarquizada, do trabalho docente, como mostrou Rosa F. de Souza. Há uma harmonia dessa proposta com o horizonte fabril da sociedade.[3] No entanto, é bom lembrar que, embora recebessem alunos das camadas populares, os Grupos **não** são ainda escolas de massas: são espaços pensados para uma população trabalhadora já urbanizada e dedicados tanto à alfabetização quanto à doutrinação das suas crianças no culto aos símbolos e valores republicanos, os quais, no período da propaganda, circulavam entre os setores mais restritos da sociedade. Carlos Monarcha tem razão ao dizer (p. 234) que o aparecimento da escola de massas está associado ao posterior desdobramento do horário de funcionamento dos Grupos, em meados da década de 1910, quando essas escolas se abrem para contingentes populacionais não urbanizados.

Mas, de fato, a rigor, ao longo dos anos 1890-1900, os republicanos cafeicultores redesenham, recriam e reproduzem **todo** o sistema de ensino público paulista, realizando a escola ideal para todas as camadas sociais, pois criam ou reformam as **instituições**, da escola infantil ao ensino superior (jardins-da-infância, grupos escolares, escolas reunidas, escolas isoladas, escolas complementares, escolas normais, ginásios, escolas superiores de medicina, engenharia e agricultura e escolas profissionais), e definem a **pedagogia** que nelas será praticada (a pedagogia moderna em confronto

---

[3] Sem contradição com a base agrícola do grupo, pois os cafeicultores são também empresários do comércio e da indústria.

com a pedagogia tradicional). Atualmente, alguns historiadores da educação estão muito interessados na história do impresso e da leitura, e já existem trabalhos evidenciando que, além das estratégias institucionais, os republicanos paulistas divulgaram o seu modelo escolar por meio de livros didáticos e revistas dirigidas aos professores, impressos prescritivos do quê e de como ensinar.

Bibliografia

BARBANTI, M. L. S. Hilsdorf. "Escolas Americanas de Confissão Protestante na província de São Paulo: um estudo de suas origens". São Paulo: FEUSP, 1977.

BAUAB, M. Ap. R. "A educação na propaganda do Partido Republicano Paulista (1870-1889)". *Didática*, 22/23 (1986/87): 17-29.

BERNARDES, M. T. C. C. *Mulheres de ontem? Rio de Janeiro-século XIX*. São Paulo: T.A. Queiroz, 1988.

CASALECCHI, J. Ênio. "Partido Republicano Paulista: política e poder, 1889-1926". Araraquara: ILCSE-Unesp, 1985.

CARVALHO, M. M. C. de. *A Escola e a República*. São Paulo: Brasiliense, 1989.

COLLICHIO, T. A. F. *Miranda Azevedo e o Darwinismo no Brasil*. B. Horizonte/São Paulo: Itatiaia/Edusp, 1988.

HILSDORF, M. L. S. "Francisco Rangel Pestana: jornalista, político, educador". São Paulo: FEUSP, 1986.

LEVI-MOREIRA, S. *São Paulo na Primeira República*. São Paulo: Brasiliense, 1988.

MONARCHA, C. *A escola normal da praça*: o lado noturno das luzes. Campinas: Edunicamp, 1999.

NADAI, E. "Ginásio do Estado em S. Paulo: uma preocupação republicana (1889-1896)". São Paulo: FFLCHUSP, 1975.

_____. *Ideologia do progresso e ensino superior (São Paulo, 1891-1934)*. São Paulo: Loyola, 1987.

NOVAES, Isabel C. "República, escola e cidadania: um estudo sobre três reformas para a educação no Espírito Santo (1882-1908)". São Paulo: PUC, 2001.

PARIS, M. L. "A Educação no Império: o jornal A Província de São Paulo (1875-89)". São Paulo: FEUSP, 1980.

REIS FILHO, C. dos. *A educação e a ilusão liberal*. São Paulo: Cortez e Autores Associados, 1981.

RODRIGUES, J. L. *Um retrospecto*: subsídios para a história pragmática do ensino público em São Paulo. São Paulo: Inst. Ana Rosa, 1930.

SOUZA, R. F. de. "Templos de Civilização: um estudo sobre a implantação dos Grupos Escolares no Estado de São Paulo (1890-1910)". São Paulo: FEUSP, 1996.

TANURI, L. M. *O Ensino Normal no Estado de São Paulo (1890-1930)*. São Paulo: FEUSP, 1979.

Capítulo 6
As Outras Escolas
da Primeira República

Escola Moderna do Brás, 1918.

Capítulo 6
As Outras Escolas
da Primeira República

1. Nosso Ponto de Vista

No texto anterior vimos a educação do ponto de vista dos liberais e democratas imigrantistas, não abolicionistas. Procuramos mostrar que, para eles, a nação brasileira moderna seria construída pelo regime republicano – pois o Império atrasado não poderia "fazê-la" – e, para tanto, suas lideranças, desde a propaganda, definiram e ofereceram um sistema escolar que educasse toda a sociedade, mas escalonando o seu alcance conforme se tratasse do trabalhador imigrante ou das camadas dominantes. Para promover a formação das camadas médias da sociedade, mas contendo-as dentro de limites aceitáveis de ascensão social, mantiveram o sistema de exames parcelados aos cursos superiores e ofereceram poucas oportunidades de escolarização em instituições públicas: em 1920 seriam 6 milhões os jovens de ambos os sexos em idade de receber instrução secundária, mas somente 52 mil estavam matriculados – três quartos deles em instituições particulares (Peres, 1973). Já o crescimento das matrículas no ensino elementar, que em São Paulo, por exemplo, foi seis vezes superior ao da população, mostra que o esforço de extensão da escola popular foi efetivo (Infantosi da Costa, 1983).

O pressuposto deste capítulo é que se a questão da escolarização permaneceu como um fator de extrema importância para as oligarquias que estiveram no poder, durante a Primeira República,[1] ela foi crucial também para os trabalhadores, mas nos **seus** termos: nas reivindicações destes, a educação escolar precisava estar acompanhada de transformações materiais, distribuição das riquezas, justiça e igualdade, pontos que não constavam da agenda republicana. Os operários tinham os seus próprios projetos e nem todos passavam prioritariamente pela escolarização da sociedade.

---

[1] A partir do final da década de 1890 a presença de lideranças de São Paulo no governo federal colabora para a disseminação em outros estados do modelo paulista de organização escolar e metodológica, representado como o mais adequado para a modernidade republicana: Ceará, Espírito Santo, Mato Grosso, Goiás, Piauí, Sergipe, Santa Catarina e Paraná. A implantação dos grupos escolares e da pedagogia moderna em Minas Gerais tem outra trajetória, segundo o estudo de Luciano M. de Faria Filho.

Mas o modelo paulista tornado hegemônico teve outros contestadores, emergentes do interior do próprio grupo de liberais, e embora perdurasse ao longo dos anos 20, foi desafiado pelo vigoroso movimento da Escola Nova cuja história vem sendo revisitada atualmente pelos historiadores da educação no foco da **nacionalização** do ensino.

2. Os Trabalhadores e a Educação Escolar

2.1 Os socialistas

A presença de posições socialistas é percebida desde meados do século XIX, como parte do ideário de alguns intelectuais brasileiros: estão no caso os envolvidos no movimento da Revolução Praieira (1848-50), em Pernambuco, por conta de seu programa social avançado, que pedia, segundo Francisco Iglésias, a redistribuição das terras e a nacionalização do comércio. Um deles seria Antonio Pedro de Figueiredo, jornalista e professor do Ginásio Pernambucano – um dos liceus provinciais que sobreviveram à pseudodescentralização do período imperial –, apontado como tendo um pensamento em que se misturam preocupações ecléticas e socialistas. Influenciado pelos movimentos utópicos e românticos europeus de 1848, ele passou a denunciar pela imprensa a miséria das classes trabalhadoras e procurou uma solução para ela. Adepto do ecletismo do filósofo francês Vitor Cousin, que foi muito popular entre os nossos intelectuais do Império saquarema,[2] Figueiredo tinha uma visão dos homens em sociedade lutando pela satisfação de suas necessidades, isto é, por mais prazer, mas também por solidariedade: nesse sentido defendia que se a humanidade soubesse equilibrar-se entre esses dois fatores, entre os desejos egoístas do ser individual e os altruístas do ser social, entre a liberdade individual e a ordem social, haveria a possibilidade de progresso para **toda** a sociedade.

Na período da Primeira República já podemos falar em movimento socialista, pois, sob a influência das decisões da I e da II Internacional dos Trabalhadores (1864-76 e 1889-1916, respectivamente), os socialistas iniciaram o processo de articulação dos trabalhadores no Brasil. Uma das estratégias que adotaram foi a organização de associações assistenciais do tipo caixas de beneficência e sociedades de auxílio mútuo para enfermos, viúvas e desempregados, segundo uma versão proletária da filantropia liberal. Outra, a formação, desde os anos 90, de partidos políticos fundados no Rio, São Paulo e Bahia sob as denominações de "Partido Operário" ou "Partido Socialista", os quais mantiveram uma imprensa operária, organizaram Congressos

---

[2] O ecletismo foi apontado como uma das teorias que possibilitaram a característica conciliação do liberalismo com a escravidão que marca o período. Antonio Pedro de Figueiredo era conhecido como "Cousin fusco".

Operários e chegaram a disputar eleições, pois defendiam que a transformação da sociedade viria "de dentro", pelas vias legais.³ A participação desses socialistas no processo político-eleitoral promoveu a aproximação deles com os republicanos, com ambos os grupos oferecendo-se apoio mútuo para suas iniciativas. Por esse procedimento, os socialistas foram criticados pelos outros grupos defensores dos trabalhadores como reformistas e "democráticos", depreciação reforçada na época pelo fato de muitos deles aceitarem a propriedade privada e a família como bases da organização social, as quais eram importantes alvos das ações político-jurídicas de positivistas e republicanos históricos.

Do mesmo modo, no campo da educação, os socialistas aproximaram-se dos liberais-republicanos de duas maneiras, segundo P. Ghiraldelli. De um lado, incorporando no seu discurso a defesa que estes faziam da educação popular pela expansão da escola elementar pública, estatal, leiga, gratuita e obrigatória e a criação de escolas operárias noturnas e profissionalizantes e de bibliotecas populares públicas, para as quais solicitaram incessantemente o uso de verbas e recursos públicos. De outro, definindo uma pedagogia socialista nacional, cujos principais eixos articuladores também eram aqueles da proposta moderna oficial: ensino leigo, científico, intuitivo, disciplinar, aberto às meninas, mas sem co-educação.

O **diferencial** dos socialistas estava nos seus objetivos: com suas iniciativas, tinham em vista possibilitar a educação politizante do trabalhador em todos os espaços, segundo a visão do professor como um trabalhador e do trabalhador como educador de *per si*.

Que a ênfase dos socialistas tenha sido nas instituições da cultura letrada – escolas, bibliotecas, imprensa – parece ser comprovado pelo tipo de lazer operário que incentivavam, uma manifestação "de liberdade, de extravasamento das fantasias e do desejo, de ritual coletivo pantagruélico", segundo Francisco F. Hardman (*Nem Pátria, Nem Patrão*, p. 45). Ou seja, o que predominava nas festas do calendário socialista do tempo livre, do não-trabalho, era o aspecto lúdico, a descontração, a brincadeira, a comida e a bebida, mais do que a propaganda e a discussão de fundo educativo, regularmente praticadas nas reuniões dos Círculos de Estudos Socialistas.

2.2 Os libertários

As grandes festas de propaganda estarão mais associadas à corrente libertária, que vem com os imigrantes portugueses, espanhóis e, sobretudo, italianos, e domina o movimento operário na passagem do século XIX para o XX, sendo mais influente

---

3 A bibliografia registra, para as décadas de 1890-1920, cerca de vinte desses "Partidos Operários".

entre os anos 1906 e 1920. Os libertários são ativos reivindicadores das necessidades dos trabalhadores, como os socialistas, mas enquanto não-organizacionais radicais posicionam-se contra qualquer tipo de instituição, seja o Estado, a Igreja, o Exército, a família e a propriedade privada. Não aceitam a reorganização da sociedade pela via da reforma, como os socialistas: querem chegar à ruptura por meio da ação revolucionária **direta** no meio social, combatendo o regime do capital – causa dos males da classe trabalhadora – em sua totalidade.

Para promover essa linha de ação revolucionária os libertários precisam garantir a educação **política** do operariado em todos os momentos da vida social. Como fizeram isso? Atualmente a bibliografia distingue pelo menos duas tendências entre os libertários: a dos anarquistas e a dos anarco-sindicalistas. Estes, superando as práticas das sociedades de mútuo socorro, dos partidos políticos e das festas socialistas, propõem a resistência dos trabalhadores organizados em **sindicatos** de ofícios, que desenvolvem uma luta de base econômica e adotam a participação nas greves como estratégia primordial de militância. Os anarquistas, por seu lado, procuram cobrir mais **amplamente** as manifestações sociais: além de terem fundado Ligas Operárias de assistência e colônias comunitárias de imigrantes (como a Colônia Cecília, que durou de 1889 a 1894), usaram o teatro social e as festas de propaganda de cunho fortemente didático como estratégias de ação e apoiaram as atividades de formação desenvolvidas nos Centros de Cultura e nos Círculos Operários, estreitamente ligadas ao uso do impresso doutrinário: Célia Giglio pôde registrar a existência, em 1912, de 125 bibliotecas populares em São Paulo, propiciadoras da circulação de livros, folhetos volantes, jornais e revistas anarquistas. Finalmente, outra forma de atuação dos grupos anarquistas está nas instituições escolares que promoveram às suas expensas, pois o operário deve educar suas crianças sem precisar do Estado, dependendo apenas da solidariedade das famílias trabalhadoras.

Eles organizam, então, escolas leigas, privadas e livres, com uma linha pedagógica muito clara, que combina os princípios da escola moderna ou racionalista de F. Ferrer e da educação integral, de Robin. Nela a prática científica moderna de observação direta e experiência empírica tem lugar, mas diferentemente do que era proposto pelos liberais que aceitavam a ciência moderna para a formação das individualidades condutoras, isto é, das "mentes científicas", o critério da educação científica libertária era o uso **social** da ciência. Da mesma forma, superando a divisão entre formação para o trabalho intelectual e trabalho manual, explícita no modelo dualista de escola dos liberais (o ginásio e os cursos superiores para a elite e a escola normal e o ensino técnico para os trabalhadores), nessa proposta libertária as crianças deveriam receber uma educação integral. **Liberdade e solidariedade** são, segundo mostrou Regina Jomini, os princípios básicos da educação escolar anarquista, porque eles reproduzem

Capítulo 6: As Outras Escolas da Primeira República

os princípios da sociedade ideal ácrata, regida apenas pela liberdade e a solidariedade entre seus membros.⁴

Giglio e Jomini referem a existência de Escolas Modernas anarquistas em várias cidades de São Paulo (Bauru, Jaú, Campinas, São Caetano, São Paulo), Minas Gerais (Machado) e no Rio de Janeiro. As mais conhecidas são as dos bairros do Brás e Belenzinho, em São Paulo, atuantes na década de 1910. Da escola do Brás temos um anúncio publicado em um jornal operário, que permite entrever a sua linha pedagógica:

> Esta escola servir-se-á do método indutivo demonstrativo e objetivo, e basear-se-á na experimentação, nas afirmações científicas e raciocinadas, para que os alunos tenham uma idéia clara do que se lhes quer ensinar. Educação Artística, Intelectual e Moral – conhecimento de tudo quanto nos rodeia; conhecimento das ciências e das artes; sentimento do belo, do verdadeiro e do real; desenvolvimento e compreensão sem esforço e por iniciativa própria. Matérias: a matérias a serem iniciadas, segundo o alcance das faculdades de cada aluno, constarão de leitura, caligrafia, gramática, aritmética, geometria, geografia, botânica, zoologia, mineralogia, física, química, fisiologia, história, desenho, etc.⁵

A educação escolar libertária apresenta-se, então, com duas características. De um lado, os libertários têm uma clara formulação pedagógica e didática, que não parte, porém, da realidade brasileira, mas das tradicionais diretrizes do anarquismo internacional (italiano, para os anarquistas, e francês, para os anarco-sindicalistas). De outro, não lutam pelo ensino público e gratuito oferecido pelo Estado liberal republicano: a postura dos libertários é de levar suas crianças à escola, mas não à escola liberal-republicana, porque esta não correspondia, tanto do ponto de vista instrucional (a ciência enquanto suporte do progresso capitalista) quanto do ponto de vista da função de modelagem (construindo e mantendo a ordem social hierárquica e dual), às necessidades dos trabalhadores definidas pelos libertários, que tinham outro entendimento da relação formação humana – processo de transformação da sociedade.

Isso trouxe várias conseqüências no plano da educação escolar. Não apenas concorreu para separar os libertários dos socialistas no interior do próprio movimento dos trabalhadores, já que estes aceitavam a escola controlada pelo Estado, como

---

4 Cf. o anúncio da Escola Libertária Germinal, instalada no bairro do Bom Retiro, em São Paulo: "*Trabalhadores, não vos iludais!* (...) Ai! do deserdado que confia na providência dum deus quimérico, na tutela do governo ou na beneficência burguesa! (...) Nas escolas *subsidiadas, ortodoxas, oficiais*, esgota-se a potencialidade mental e sentimental de vossos pequeninos (...) Animai os promotores ou regentes de escolas racionalistas, das quais sejam rigorosamente banidas as superfluidades e traições do ensino ortodoxo" (*O Amigo do Povo*, 26/11/1904, cit. em Hardman, p. 102).

5 *A Lanterna*, 10/1/1914, reproduzido de Hardman, pp.70-71.

ainda contribuiu, segundo P. Ghiraldelli, para o arrefecimento daquele movimento de "entusiasmo pela educação" que J. Nagle observou para as décadas de transição Império-República, que tinha uma de suas marcas na expansão da escola elementar pública na luta contra o analfabetismo.

Os republicanos no poder, de sua parte, enfrentam a oposição dos libertários de duas maneiras: a primeira, repressiva e ostensiva, ao tomar a medida de **fechamento** das escolas libertárias nos fins da década de 1910; a segunda, ativa, ao oferecer oportunidades de ensino profissional **técnico** público e gratuito para os trabalhadores. Enquanto os libertários e socialistas fundavam universidades populares que funcionavam como centros de cultura operária, os governos republicanos criavam uma rede de escolas técnicas. Em São Paulo, por exemplo, já havia desde o Império ensino profissional organizado pelos republicanos históricos na foram de instituição privada, além de iniciativas assistencialistas (C. S. V. Moraes, 1990). Mas a partir do início da década de 1910, o governo paulista não só criou 50 escolas elementares noturnas para crianças operárias, localizadas perto de fábricas, como fundou entre 1909 e 1919, 74 escolas noturnas para adultos e 17 escolas profissionais masculinas e femininas, sendo duas delas em São Paulo, uma para cada sexo, justamente no Brás, o bairro que concentrava o maior número de imigrantes proletários.

Não podemos esquecer, no entanto, que o próprio trabalhador **nacional** já recebia o olhar das autoridades. Depois de longos anos de predomínio estrangeiro, a cidade de São Paulo começava a atrair levas de migrantes nacionais que, vivendo de tarefas, sem "ocupação fixa" – isto é, na indústria e no artesanato –, sem controle, configuram um problema social e político tão grave quanto o dos estrangeiros. Eles passam a ser representados como dignos de valorização e necessitados de formação, com o argumento de que não se comportavam de maneira antipatriótica e insubordinada, como os estrangeiros. Podemos entender, então, a localização estratégica dessas escolas profissionais para fazer frente à agitação operária, as quais, simultaneamente, eram apresentadas pelo governo paulista como um "veículo seguro de nacionalização": o alvo era a formação de um novo trabalhador, fosse ele nacional ou descendente de estrangeiros, desde que disciplinado e devotado ao trabalho.

2.3 Os comunistas

Os comunistas destacam-se dos libertários como uma dissidência, no decorrer de um processo relacionado à Revolução Russa de 1917: em um primeiro momento, muitas figuras de esquerda viram o "outubro vermelho" como uma revolução libertária, mas com o desenrolar dos acontecimentos entenderam que o movimento tomou outro rumo, tornando-se militarizado, burocratizado e centralizado na figura do ditador do partido. Assim, para manter a coerência, aqueles que apoiavam a Revolução de 1917 tiveram de separar-se do movimento libertário.

No Brasil os comunistas assumem a vanguarda da esquerda operária na década de 20, pela presença dominante dessa linha na III Internacional dos Trabalhadores (1919-1935). Organizaram, em 1922, um partido que apresenta como princípios de política educacional os seguintes pontos: apoio à escola pública, obrigatória, leiga e gratuita que o Estado liberal já oferecia; melhoria de vida e de condições de trabalho para os professores (salários) e alunos (transporte, uniformes, livros, material de estudo); educação político-partidária para a formação da consciência operária; e defesa da escola **unitária**, sem divisão em ensino profissionalizante e intelectual, proposta pedagógica que acompanhava a *politecnia* posta em prática na Rússia, nos anos 20, por Nádia Krupskaja.[6]

Os comunistas criticavam os libertários dizendo que estes não "pensavam o Brasil", mas eles também parecem ter ficado presos aos modelos pedagógicos estrangeiros. Não desenvolveram as teorias pedagógicas, preferindo trabalhar mais no sentido da defesa das **políticas** nacionais de educação pública nas ruas e no Congresso Nacional e da prática de formação política para os próprios **quadros** do Partido. Assim, também sob a liderança dos comunistas, o movimento dos trabalhadores não criou redes próprias de escolas elementares: nada reivindicavam fazer além do que os liberais republicanos já ofereciam em matéria de escolarização, acreditando que era necessário primeiramente estender a todos os grupos sociais as conquistas liberais para, depois, a vanguarda operária assumir o governo da sociedade.

As divergências sobre os modelos de escola adotados pelos trabalhadores e sobre a prática do processo de escolarização da sociedade brasileira passam, portanto, pelas diferentes visões que o movimento tinha do processo revolucionário.

2.4 O movimento negro

Na Primeira República, para o trabalhador branco nacional ou estrangeiro, além das escolas públicas oficiais, havia as instituições particulares e as escolas dos trabalhadores. E para os ex-escravos? Temos ainda poucas informações sobre eles. Segundo Zeila Demartini, que entrevistou antigas lideranças do movimento negro do início do século XX, em São Paulo, ocorreu um esforço para a criação de escolas no interior de um projeto de conscientização das populações negras, mas as primeiras entidades organizam-se como sociedades recreativas e o movimento por escolas vai se firmar entre elas apenas nos fins da década de 20.

---

[6] Essa não era a posição dos dirigentes do Partido Comunista, que prefeririam a educação profissional.

Uma explicação que a autora oferece para essa configuração, recolhida dos depoimentos, é que faltavam recursos para sustentar um trabalho pedagógico contínuo. Outra, mais dramática, refere que o movimento negro pensava que o caminho passava pela escola, mas teve dificuldades em manter suas iniciativas, porque, de um lado, o governo republicano realmente expandia sua rede (como documenta o trabalho de Ana Maria Infantosi da Costa) e havia mais lugares para eles, ainda que os negros pobres fossem nelas discriminados; de outro, eles próprios não se achavam no direito do acesso à educação escolar, havia uma acomodação, devida à "interiorização da escravidão". A força desse constrangimento **internalizado** fica ressaltada se pensarmos que em 1886, na cidade de São Paulo, os escravos eram em número de 493, em uma população negra de cerca de 12 mil pessoas, para um total de 50 mil habitantes.

Essas condições ajudam a entender a situação que Teresinha Bernardo encontrou quando, buscando também recuperar as lembranças de antigos moradores de São Paulo nas primeiras décadas do século XX por meio de depoimentos orais, percebeu que os descendentes de negros referiam poucas oportunidades de estudo, ao passo que os de ascendência italiana guardavam a memória de uma **infância escolar**, sobretudo os homens, que completavam a sua aprendizagem de ofícios com cursos técnicos feitos nas escolas de comércio, no Liceu de Artes e Ofícios e nas escolas técnicas estaduais.

2.5 A escola da rua

Outra abordagem desse período foi desenvolvida recentemente por Ailton Morila, ao destacar que a cidade de São Paulo era ainda extremamente oralizada e que as camadas populares tinham a **música** como uma das formas de expressão mais importantes da sua luta pela sobrevivência. Analisando as canções populares de trabalhadores imigrantes e nacionais, livres e ex-escravos, ele pôde vislumbrar uma ordem própria de organização dessa população que atravessa todos os momentos e espaços da vida, no cotidiano, desde a casa até as perspectivas de futuro, passando pelas brincadeiras infantis, o trabalho, o lazer, o amor, as manifestações de solidariedade, resistência e revolta. Essas canções são parte essencial do que esse autor denomina de "a escola da rua", onde as lições acontecem no dia-a-dia, no contato oral, no ouvir-ver-fazer, configurando um ensinamento mutável de acordo com as condições materiais e os múltiplos contatos culturais. O que se produzia e se ensinava nesse processo não é a tradição conservadora, repetida simplesmente geração após geração – como pensaram alguns folcloristas –, mas uma cultura **viva**, que se modificava e interferia no contexto histórico, concretizando uma educação **não-formal**, mas nem por isso isenta de intenções: Morila recupera como objetivo dessa ação cotidiana o desejo de dar à sociedade uma organização diferente daquela que eles vivenciavam, indo ao encontro do movimento operário.

3. Os Pioneiros da Escola Nova e os Católicos

Quando escreveu *A Cultura Brasileira*, no final da década de 30, Fernando de Azevedo representou a educação escolar da Primeira República como um imenso platô de "estabilidade e rotina" (p. 642), dizendo, de um lado, que a escola esteve à margem das preocupações dominantes entre os políticos; de outro, que as transformações no sentido da modernização da escola brasileira somente aconteceram ao longo da década de 20, quando outros educadores liberais foram introduzindo a pedagogia da Escola Nova no país por meio de reformas realizadas nos sistemas estaduais de ensino. Esse processo **culminou** no aproveitamento de suas idéias pela Revolução de 30, a grande revolução burguesa que, essa sim, estendeu a todos os direitos liberais que a Primeira República não conseguira concretizar, inclusive o direito à educação.

Para Fernando de Azevedo a presença dos adeptos e divulgadores da Escola Nova nos anos 20 e 30 marca a educação brasileira como um verdadeiro "divisor de águas", separando a mentalidade tradicional e velha da nova e progressista. Isso quer dizer que todos aqueles que se opunham, ou tinham propostas alternativas, como os trabalhadores, os católicos e os defensores da pedagogia moderna, quer tivessem atuado no período monárquico, quer no da República, quer fossem defensores da educação popular, quer tivessem renovado o ensino técnico, foram enfeixados por ele sob a rubrica de tradicionalistas. Azevedo deixa de fora apenas os protestantes americanos, "fermento novo na massa do ensino" (p. 593) e algumas iniciativas dos republicanos paulistas que ele vê como "antecedentes" dos progressistas.

Estes, pelo contrário, seriam os educadores envolvidos em um conjunto de iniciativas claramente demarcadas com vistas à renovação educacional, compreendendo:

- aqueles que tinham fundado no Rio de Janeiro a Associação Brasileira de Educação (ABE), em 1924, promotora das Conferências Nacionais de Educação, saudadas como a principal instância social de debate das questões educacionais no período 1925-35;
- participado do "Inquérito sobre o ensino" promovido pelo jornal *O Estado de S. Paulo*, em 1926, e realizado por ele, Azevedo, com o intuito de discutir as orientações vigentes no sistema escolar paulista;
- haviam promovido reformas em alguns sistemas estaduais de ensino ao longo da década de 20;
- declarando-se liberais abertos à sociedade capitalista-urbano-industrial e às idéias do movimento da Escola Nova que circulava no exterior, tinham, ainda, assinado o *Manifesto de 1932*, texto no qual, levando em conta esses pressupostos, formulavam uma política liberal **nacional** e **atualizada** de educação para o país com base na escola única, pública e leiga.

Mais cuidadoso ao retomar esse entendimento do "antes e depois da Escola Nova" na sua tese de 1966, J. Nagle vai explicitar a razão pela qual pensa poder ler a ação desses pioneiros como um diferencial na história da educação brasileira: porque eles **se** apresentavam como qualitativamente diferentes da geração ao redor do 15 de novembro, no sentido de que agiam não apenas como políticos, ou intelectuais ou homens públicos interessados em educação, mas enquanto **especialistas**, isto é, portadores de conhecimentos técnico-científicos. Ele chama a esse movimento de "otimismo pedagógico", porque seus adeptos acreditavam que uma determinada concepção pedagógica, e somente ela – a pedagogia da Escola Nova – é que permitiria a reforma da escola para que ela pudesse cumprir o seu papel social de renovadora da sociedade brasileira no enquadramento liberal.

Para Nagle, o que aconteceu na década de 20 foi um desvio no movimento do "entusiasmo pela educação" que caracterizava, até então, a ação republicana de ampliação do acesso à escola elementar: isso significa que tornar acessível – democratizar – a alfabetização para todos era uma posição política que foi **despolitizada** na década de 20, quando os novos profissionais da educação passaram a se guiar por critérios **técnicos** para tratar a questão da educação escolar popular. A opção pelo modelo pedagógico da Escola Nova tinha bases técnicas: era o único portador de concepções científicas mais atualizadas, no caso a sociologia, a biologia e a psicologia. A adesão à orientação escolanovista era representada como um avanço, um progresso: tanto mais progressista quanto mais técnico, especializado, como queria a modernidade dos anos 20.

Esse autor encontra apoio para a sua argumentação ao examinar as **reformas** empreendidas por esses renovadores-especialistas da educação. Ordenando-as em um *continuum*, podemos visualizar como foi se firmando, na interpretação de Nagle, a perspectiva técnico-pedagógica entre os escolanovistas:

Critérios + Políticos – Pedagógicos				Critérios – Políticos + Pedagógicos
1920	**1922**	**1925**	**1927**	**1927**
São Paulo	Ceará	Bahia	D. Federal	Minas
S. Dória	L. Filho	A. Teixeira	F. de Azevedo	M. Casassanta/ Fr. Campos

Para Nagle, Sampaio Dória tomou a medida fundamentalmente política de reduzir pela metade (de quatro para dois anos) a duração do curso primário obrigatório em São Paulo, para garantir a ampliação de ofertas de vagas na escola pública sem ampliar os recursos financeiros e a rede física existentes. Na reforma do Ceará, Lourenço Filho já teria tomado medidas tanto de natureza político-administrativa quanto de natureza metodológica, pois era um especialista em educação e adepto da Escola Nova (professor de Psicologia e Pedagogia Experimental). Lecionando na Escola Normal de Fortaleza, preparou professores segundo a nova orientação, chegando a escrever textos didáticos adaptados à realidade social regional, de acordo com a formulação escolanovista de tratar o sistema de ensino como uma miniatura do mundo social. Nagle avalia a reforma de Anísio Teixeira, na Bahia, como aquela menos relacionada à realidade social e, inversamente, a mais bem-acabada enquanto proposta baseada em um ideário não-nacional, ou seja, na experiência escolanovista norte-americana de John Dewey de "escola como comunidade". Esta idéia também aparece nas duas reformas de 1927. Fernando de Azevedo faz a reforma do sistema de ensino do Distrito Federal influenciado pela sociologia de Comte e Durkheim, destacando o aspecto da tarefa social da escola. Outros princípios organizadores de sua proposta eram a "escola do trabalho", baseada na escola ativa e criadora de Kerschensteiner, e a "escola única", ou seja, pública, obrigatória e gratuita para todos.

A reforma do sistema mineiro empreendida por Casassanta e Francisco Campos é, para Nagle, a mais bem-sucedida do ponto de vista da substituição do modelo político por um modelo pedagógico, ou seja, orientada pela preocupação com o aspecto micropedagógico (o que acontecia na sala de aula, na relação professor-criança), ao invés da preocupação com o macropedagógico (a expansão do acesso à educação elementar na luta contra o analfabetismo). São características da reforma mineira: a escola encarada como ação social; atenta aos interesses e motivos da **criança** e não à lógica das disciplinas; o predomínio da atividade no lugar da passividade, fazendo da lição um trabalho em comum, uma "cooperação das inteligências"; a melhoria da Escola Normal de formação de professores com a introdução de uma nova disciplina, a Psicologia Educacional, que forneceria as bases científicas do desenvolvimento infantil a partir do uso de testes e projetos experimentais. É esse conjunto de marcas[7] da reforma mineira que, tomado simultaneamente como o desenho geral a que chegou a Escola Nova praticada pelos pioneiros liberais no Brasil, no começo da década de 30, diferencia e hierarquiza, pela sua modernidade e atualidade, essa proposta em relação às outras do período.

Examinando essa historiografia e reavaliando o movimento, Carlos Monarcha é lapidar: os escolanovistas são modernos para quem acredita que 1930 é a revolução burguesa.

Confrontando, por sua vez, a construção discursiva azevediana, Marta Carvalho lembra que ao apresentar-se como voz autorizada – uma vez que ele próprio não

---

[7] No termos da síntese da análise de Nagle feita por Célio da Cunha, no seu livro *Educação e Autoritarismo no Estado Novo*.

apenas se incluía entre os pioneiros da Escola Nova, mas também se autodesignava como articulador do movimento e redator dos seus textos programáticos mais importantes –, Fernando de Azevedo construiu no *A Cultura Brasileira* uma narrativa, que se tornou "matriz interpretativa" da História da Educação para as décadas de 20 e 30. A força dele está em ter construído ao mesmo tempo a memória e a história da Escola Nova no Brasil.

Divergindo das posições de Azevedo e de Nagle quanto à inserção da ABE no movimento de despolitização do campo educacional por conta da presença dominante nela dos liberais especialistas na Escola Nova – e, portanto, das colocações habituais sobre o todo do movimento –, essa autora fez duas coisas: analisou as atividades dessa entidade como campanhas **políticas** empreendidas para a modernização da sociedade brasileira, que reorganizam a escola sob o modelo da fábrica, e identificou os seus integrantes como médicos, higienistas e engenheiros de orientação **católica**. Visto que, pela sua investigação, encontrou os liberais renovadores no comando dessa entidade apenas na década de 30, concluiu que os "pioneiros da Escola Nova" que atuam na ABE, na década de 20, são diferentes dos "pioneiros da Escola Nova" que assinam o *Manifesto*, em 1932, e que estes tiveram participação apenas marginal na organização da ABE e das Conferências Nacionais dos anos 20,[8] ficando o papel mais destacado, neste período, com os pioneiros **católicos**.

Acompanhando o minucioso exame feito por ela em documentação inédita da ABE é possível dizer que, nos anos 20, essa entidade é autoritária, e não, liberal; nela não dominam os liberais renovadores como um grupo homogêneo de linha liberal e escolanovista: não somente existem várias correntes de opinião, várias facções, como, ainda, o que predomina é a orientação do grupo dos católicos, preocupados com a formação das elites cuja tarefa é, por sua vez, formar o povo de acordo com as tradições nacionais, **associadas** – para eles – à cultura religiosa da Igreja, representada como o "cimento da nacionalidade e da ordem"; que, no seu entender, as facções mais à esquerda vão assumir o controle ideológico da ABE apenas depois de 1932.

Na ABE os novos especialistas em educação **não** são expressivos, pois o grupo mais forte, que pensa e determina a política educacional dessa associação, é formado por uma maioria de engenheiros e médicos. Em outras palavras, há propostas de renovação educacional, mas elas **não** partem dos profissionais de educação de que fala Nagle.

Nas reuniões da ABE e nos Congressos Nacionais que ela promoveu o que está em discussão **não** é o aspecto técnico da educação, ou seja, seu "otimismo" não é

---

[8] Elas ocorreram em Curitiba, 1927; Belo Horizonte, 1928; São Paulo, 1929; Rio de Janeiro, 1931; Niterói, 1932; Fortaleza, 1934; Rio de Janeiro, 1935.

Capítulo 6: As Outras Escolas da Primeira República

pedagógico, como diz Nagle: é político, na medida em que faz parte de um projeto de controle, de moldagem da sociedade. Liberais e católicos têm um projeto (autoritário) de constituir a "nação brasileira". Para realizar esse projeto trouxeram a pedagogia da Escola Nova do exterior, não enquanto mero transplante cultural, uma imposição de idéias estrangeiras, uma "dominação", mas porque essa metodologia foi aceita e considerada um mecanismo eficiente de controle social, para constituir "de cima para baixo" o povo adequado à nação. Como se daria isso? A Escola Nova seria a pedagogia adequada para promover a superação do elemento nacional fraco, doente e amorfo – que Monteiro Lobato sintetizara na figura do Jeca-Tatu –, **porque** propiciava práticas de higienização (da saúde), de racionalização (do trabalho) e de nacionalização (dos valores morais e cívicos). Assim, para Marta Carvalho, no contexto da ABE na qual disputam católicos e liberais, a Escola Nova é movimento não de despolitização, mas de **repolitização**.

A representação tradicional dos católicos como coadjutores do movimento dos pioneiros também deve ser revista: **ambos** os grupos têm projetos de remodelação da educação escolar para remodelar a sociedade e travam, entre si, um embate ideológico objetivando o controle das escolas. Essa postura, segundo Marta Carvalho, **retira** os católicos da posição secundária e reativa que a visão de Fernando de Azevedo lhes atribuiu diante dos liberais.

De fato, assim como no caso dos trabalhadores, a presença dos católicos na cultura e na educação brasileira foi silenciada, mas sabemos que desde a década de 10, pelo menos, eles se articulavam para afirmar-se como grupo social influente, realizando um duplo e simultâneo movimento: aproximando-se do Estado leigo e da própria Igreja Romana, da qual estava distanciada devido ao aporte regalista da época pombalina. O cardeal D. Leme, bispo do Rio de Janeiro, teve uma atuação marcante nesse processo. De um lado, reaproximou da Santa Sé tanto o clero quanto o laicato brasileiros, envolvendo-os na prática de atividades assistencialistas e educacionais preconizadas pelos Papas no movimento da Ação Católica, de modo que a Igreja Católica logo se **tornou** a maior mantenedora de colégios secundários do país. De outro, cuidou em especial de educar as lideranças contra os perigos do ateísmo, do anticlericalismo anarquista, do liberalismo e do comunismo, fundando a revista *A Ordem* (1921) e o "Centro de Estudos D. Vital" (1922) para divulgar-lhes o pensamento católico **autorizado**,[9] em oposição ao dos pioneiros liberais.

Constatar a importante participação na ABE de partidários da Escola Nova de linha católica confirma essas estratégias de ação da Igreja. Ajuda também a entender

---

[9] A obra do intelectual Alceu Amoroso Lima (estudada por W. Cauvilla) é, a esse respeito, exemplar. Para uma figura da hierarquia da Igreja na perspectiva da história dos homens comuns, ver o estudo de M. C. de Freitas.

que, por conta desse predomínio, a ABE tinha uma visão de educação eminentemente política, e diferentemente da figura que dela foi fixada pela bibliografia – de um grupo de técnicos em educação que traziam para a sala de aula uma metodologia avançada de respeito à criança que se alfabetizava – atuava segundo um amplo projeto de conformação social por meio da ênfase na saúde, na moral e no trabalho. Não representa o novo: faz falar o velho.

3.1 Ensino nacionalista

Não se trata, porém, do "velho" no sentido da pedagogia moderna e cosmopolita dos republicanos e liberais adiantados dos fins do século XIX, nem das iniciativas de educação popular sustentadas pela opção imigrantista dos republicanos históricos. A ligação é outra: o fio que conduz aos escolanovistas da década de 20 vem da escola **nacionalista**, reposta em circulação pelos intelectuais da década de 10 quando pediam a valorização da cultura nacional nos **confrontos** com a importante presença estrangeira. Modelarmente agitada por Olavo Bilac em sua campanha de salvação nacional mediante a alfabetização e o serviço militar obrigatórios (1915-1918), que inspirou a criação de uma Liga de Defesa Nacional (1916), a idéia nacionalista ganhou urgência em São Paulo, convulsionada pelas greves operárias, levando à fundação de uma Liga Nacionalista, em 1917. Rapidamente expandida para outras localidades, a atuação da Liga – que se prolongou até 1924 – tem sido associada à defesa do voto secreto e direto. Mas o seu programa era bem mais amplo, incluindo simultaneamente os tópicos de saúde, moral e trabalho **e** uma superação da escola alfabetizadora que ecoam **nas** propostas da ABE da década de 20: fundação de escolas primárias e profissionais; instrução cívica do povo na obediência às leis e no respeito às tradições nacionais por meio de impressos e conferências; incentivo à educação física, ao escotismo, às linhas de tiro e ao serviço militar; celebração dos fatos nacionais; obrigatoriedade do ensino da língua, da história e da geografia pátrias nas escolas estrangeiras.[10]

A Liga se aproximou dos diretores de grupos escolares e das câmaras municipais, instando pela abertura de escolas noturnas. Estampou em 1919 o texto de Sampaio Dória, "O que o cidadão deve saber", para ser usado como manual de educação cívica. E por meio de Oscar Thompson – que ocupava a Direção Geral do Ensino do Estado e organizou em 1917 um programa oficial para o ensino das escolas primárias –, alcançou as disciplinas escolares: C. Boto apresenta um "Programa de ensino das escolas da Liga Nacionalista de São Paulo", publicado em 1919, com orientações específicas

---

[10] Fechada a Liga pelo governo federal, seus integrantes reagruparam-se no Partido Democrático, dissidência do Partido Republicano Paulista. Mas como 1924 é também o ano de criação da ABE, esta pode ter funcionado como o novo refúgio dos nacionalistas.

sobre conteúdos e metodologias para o ensino de leitura e linguagem (pelo método analítico-global da sentenciação), aritmética, geografia e história, até a educação moral e cívica e as lições gerais de ciências aplicadas à vida higiênica e produtiva. Circe Bittencourt também mostrou (p. 180) que o ensino da história do Brasil no curso primário oficial tinha um fundamento nacionalista na sua concepção, bem de acordo com o título da introdução do programa de 1917: "Nacionalismo do ensino como Fundamento da formação da Nova pátria". Estudando os livros didáticos de história do período, fossem de autores católicos, como Jonathas Serrano, fossem de autores identificados com os liberais, como Afrânio Peixoto, percebeu que eles foram utilizados como uma das estratégias de formação dessa mentalidade nacionalista[11] ao apresentar uma narração que criava um passado único, no qual o elemento branco – em detrimento do índio e do negro – era valorizado como **trabalhador**, isto é, construtor do progresso, em contraste com a figura desprovida de direitos apresentada pelo movimento operário.

Oscar Thompson foi opositor das inovações metodológicas introduzidas no ensino por Sampaio Dória e Lourenço Filho. Mas os três foram ativos membros da Liga (Hilsdorf, 1998) e partilharam a mesma matriz política nacionalista da pedagogia, permitindo a inserção, na historiografia da educação, dessa vertente da escola brasileira da Primeira República no período dos anos 10 e 20.

Bibliografia

BERNARDO, T. *Memória em branco e negro*: olhares sobre São Paulo. São Paulo: EDUC/Ed. Unesp, 1998.

BITTENCOURT, Circe M. F. "Produção didática e programas de ensino das escolas paulistas nas primeiras décadas do século XX". *Revista da FEUSP*, 15, 2 (1989): 167-187.

BOTO, C. J. M. R. "Rascunhos da Escola na Encruzilhada dos Tempos". São Paulo: FEUSP, 1990.

CARVALHO, M. M. C. de. *"Molde nacional e Forma Cívica: Higiene, Moral e Trabalho no projeto da Associação Brasileira de Educação (1924-31)"*. São Paulo: FEUSP, 1986.

---

[11] No Ginásio público de São Paulo a obra utilizada para o ensino de história era o *Lições de História do Brasil*, de Joaquim Manuel de Macedo, conhecido autor do Império cuja edição de 1907 fora completada, para os acontecimentos entre 1823 e 1905, justamente por Olavo Bilac (Bittencourt, p. 176).

_____. "Notas para reavaliação do movimento educacional brasileiro (1920-30)", *Cadernos de Pesquisa*, 66 (1988): 4-11.

CAUVILLA, Waldir. *"O Pensamento Político de Alceu Amoroso Lima (Tristão de Athayde) na década de 30"*. São Paulo: PUC, 1992.

CUNHA, C. da. *Educação e autoritarismo no Estado Novo*. São Paulo: Cortez e Autores Associados, 1981.

DEMARTINI, Zeila de F. "A Escolarização da população negra na cidade de São Paulo nas primeiras décadas do século". *Revista Ande*, 14 (1989): 51-60.

FARIA Filho, L. *"Dos Pardieiros aos Palácios: forma e cultura escolar em B. Horizonte (1906-1918)"*. São Paulo: FEUSP, 1996.

FREITAS, M. C. de. *Da micro-história à história das idéias*. São Paulo/Bragança Paulista: Cortez/USFR, 1999, pp. 37-70.

GHIRALDELLI Jr., P. *Educação e movimento operário*. São Paulo: Cortez e Autores Associados, 1987.

GIGLIO, C. M. B. *"A Voz do Trabalhador: sementes para uma nova sociedade"*. São Paulo: FEUSP, 1995.

HARDMAN, Francisco F. *Nem pátria, nem patrão!*: vida operária e cultura anarquista no Brasil. São Paulo: Brasiliense, 1983.

HILSDORF, M. L. S. "Lourenço Filho em Piracicaba". Souza, Cynthia P. de. (org). *História da educação: processos, práticas e saberes*. São Paulo: Escrituras, 1998.

IGLÉSIAS, Fr. *Trajetória política do Brasil, 1500-1964*. São Paulo: Companhia das Letras, 1993.

INFANTOSI DA COSTA, A.M. "A Educação para trabalhadores no Estado de São Paulo (1889-1930)". *Revista do Instituto de Estudos Brasileiros-USP*, 24 (1982): 7-14.

_____. *A Escola na República Velha*. São Paulo: Edec, 1983.

JOMINI, R. C. M. "Educação Anarquista na República Velha: algumas idéias e iniciativas pedagógicas". *Pré-Posições*, 3 (Unicamp) (1990): 37-55.

_____. *Uma escola para a solidariedade*: contribuição ao estudo das concepções e realizações educacionais dos anarquistas na República Velha. Campinas: Pontes, 1990.

LUIZETTO, Fl. "Cultura e educação libertária no Brasil no início do século XX". *Revista Educação e Sociedade*, 12 (1982): 61-79.

_____. "O Movimento anarquista em São Paulo: a experiência da Escola Moderna nº 1, 1912-1919". *Revista Educação e Sociedade*, 24 (1986): 18-47.

LUIZETTO, Fl. *"Presença do anarquismo no Brasil: um estudo dos episódios literário e educacional"*. São Carlos: UFSCAR, 1984.

MAZZOTI, T. B. *"Educação popular segundo os sindicalistas revolucionários e os comunistas na Primeira República"*. São Paulo: FEUSP, 1995.

MONARCHA, C. *A reinvenção da cidade e da multidão*. São Paulo: Cortez e Autores Associados, 1990.

MORAES, Carmen S. V. *"Socialização da Força de Trabalho: instrução popular e qualificação profissional no Estado de São Paulo, 1873/1934"*. São Paulo: FFLCHUSP, 1990.

MORILA, Ailton P. "A Escola da Rua: cantando a vida na cidade de São Paulo (1870-1910)". São Paulo: FEUSP, 1999.

NAGLE, J. *Educação e Sociedade na Primeira República*. São Paulo: EPU/Edusp, 1974.

_____. "A Educação na Primeira República". FAUSTO, B. (org.). *História geral da civilização brasileira*, v. 9. São Paulo: Difel, 1977.

OLIVEIRA, S. T. de. *"Uma Colméia Gigantesca: Escola Profissional Feminina de São Paulo, 1920/30"*. São Paulo: PUC, 1992.

PEIXOTO, A. M. C. *Educação no Brasil – Anos Vinte*. São Paulo: Loyola, 1983.

PERES, T. R. *"Educação Republicana: tentativas de reconstrução do ensino secundário brasileiro, 1889-1920"*. Araraquara: FCL, 1973.

PILETTI, N. "A Reforma Fernando de Azevedo no Distrito Federal, 1927-30". *Estudos e documentos*, 20. São Paulo: FEUSP, 1983.

Capítulo 7
A Era Vargas

Caderno escolar de Maria Luiza, 1933.

Capítulo 7
A ERA VARGAS

1. Nosso Ponto de Vista

A crise da "República do Kaphet", como a apelidava Lima Barreto, fortemente entrançada com a do capitalismo internacional em 1929, cavaria largas fendas na hegemonia oligárquica. A Revolução de 30, o movimento sindical anarquista e comunista que a precedeu, o *tenentismo*, o impulso reformista do Governo Provisório liderado por Getúlio Vargas e, do lado oposto, o ideário progressista de uma fração dissidente da burguesia de São Paulo, constituíam forças que, na sua interação provocaram revisões fundas no quadro institucional do país (Alfredo Bosi, *A Educação e a Cultura nas Constituições Brasileiras*, p. 211).

Essas colocações de Bosi nos dão, sinteticamente, o referencial mais amplo de análise dos anos 1930-45: a idéia de "reconstrução da nação". É nele que vamos inserir a questão da educação escolar brasileira. Trata-se, novamente, de "construir a Nação", isto é, de atingir o alvo que não tinha sido alcançado nos movimentos de 1822 e 1889, agora intentado pelo caminho do desvendamento da cultura brasileira, interpretada segundo as diferentes ideologias em conflito que atravessam o período, vindas da década anterior: o tradicionalismo dos agrários, o radicalismo dos operários e de setores da classe média e o "americanismo" da burguesia urbana. De outra parte, é interessante lembrar que todo esse período de 1930-45 já é nomeado Era Vargas, pois os componentes de autoritarismo e nacionalismo que costumam ser vistos como marcas do Estado Novo (1937-45) já estavam presentes na própria Revolução de 1930, devido à influência das Forças Armadas e da Igreja Católica, que concorreram, entre outros fatores, para tornar viável este movimento na medida em que viam nele uma oportunidade de colocarem em prática os seus projetos de "educação do povo".

2. A Revolução de 1930

O movimento de 1930 foi interpretado durante muito tempo como a tomada de poder por um grupo social específico, a burguesia industrial. Hoje os autores concordam em considerá-lo como um movimento **heterogêneo** do ponto de vista de suas bases sociais e de suas aspirações. Da parte dos revolucionários havia um inimigo comum – as estruturas "carcomidas" mantidas pela oligarquia cafeicultora da Primeira República –, mas, enquanto metas, muitos interesses divergentes, paralelos e até conflitantes, como diz Boris Fausto, que já tinham inclusive provocado movimentos sociais na década anterior:

- os velhos oligarcas queriam transformações mínimas que reforçassem seu poder pessoal;

- a nova conjuntura do movimento operário, controlado pelo Partido Comunista, via nele um movimento democrático, que abriria caminho para a revolução socialista;

- as classes médias urbanas, tradicionalistas, queriam a "republicanização da República", isto é, a manutenção da república liberal e constitucional de 1889, mas com eleições limpas, respeito aos direitos individuais e promoção da educação popular, programa que consideravam ter sido proposto, mas não realizado pela república oligárquica de 1889-1929;

- as elites civis queriam que os partidos dissidentes dos antigos Partidos Republicanos estaduais tivessem acesso aos respectivos governos, para poderem colocar em prática o programa liberal: explica-se, assim, o prestígio dos portadores dessa mensagem, Getúlio Vargas no Rio Grande do Sul e em São Paulo o Partido Democrático, criado em 1926 pelos jovens oligarcas cafeicultores dissidentes do Partido Republicano Paulista;

- os "tenentes" representam a rebeldia militar e nacionalista contra o governo da oligarquia cosmopolita, reivindicando um Estado forte e centralizado, semi-autoritário, no lugar do Estado liberal e "descentralizado" da Primeira República. Para Boris Fausto, os "tenentes" são radicais pelo método (confrontação armada), mas não pelo conteúdo das suas reivindicações políticas e sociais, que são as mesmas da classe média urbana.

Thomas Skidmore considera que, de todos eles, apenas os tenentes e os revolucionários de esquerda reunidos na Aliança Liberal tinham "consciência revolucionária".

Com essa composição a Revolução de outubro de 1930 somente pôde sair vitoriosa a partir de **acordos** entre todas as tendências, os quais, sem grandes rupturas, garantiram a alteração desejada: a substituição do antigo poder oligárquico, baseado na força dos Estados (mais aparente) e nas forças locais (mais real) pelo novo poder oligárquico, ostensivamente centralizado e menos dependente das forças locais. Esse Estado revolucionário é, assim, um "Estado de Compromisso", como diz Francisco Weffort, comprometido com as diferentes forças sociais, sem que nenhuma delas assuma o controle das forças políticas. Na estrutura de poder, segundo B. Fausto, "descem" os oligarcas tradicionais e "sobem" os militares, os técnicos diplomados, os jovens políticos e, **depois**, os industriais: isso significa que a Revolução de 30 "criou" o poder da burguesia industrial, e não que esta foi produto dos industriais (em São Paulo, por exemplo, os industriais apoiaram o governo federal, enquanto a Revolução foi apoiada pelos cafeicultores dissidentes!). Em suma: pode-se dizer que o governo provisório de Getúlio Vargas promoveu o **capital nacional**, apoiado nas Forças Armadas, nos trabalhadores urbanos cooptados por conta do sindicalismo patronal e na burguesia nacional, no interior da qual os industriais vão gradativamente dividir o poder com os agricultores.

2.1 O papel da Igreja e das forças armadas

Mais recentemente autores como S. Schwartzman e José Silvério Baía Horta evidenciaram a influência política da Igreja e dos militares nesse processo. Já vimos a ação da Igreja Católica, nas décadas de 10 e 20, desenvolvendo um projeto educacional e pedagógico de reconquista de espaços de poder. Do governo revolucionário, ela solicitou não apenas o direito de ministrar aulas de religião nas escolas públicas, mas uma posição explicitamente contrária ao "Estado neutro" da oligarquia, ou seja, a instituição do Estado Católico, do Estado teocrático. Em vista dessa movimentação é que podemos compreender a aprovação dos três pontos de pauta da agenda católica na Constituição de 1934: o casamento indissolúvel, o ensino religioso e a assistência religiosa às forças armadas. Em troca do seu apoio ao novo governo, a Igreja assumia a organização de obras sociais e se oferecia como mediadora na interlocução dos revolucionários com a sociedade brasileira.

As Forças Armadas como educadoras do povo era um projeto político longamente acalentado pelos militares. Em um primeiro momento, durante a Primeira República, ele se manifestara no modelo do "quartel como escola", com a pregação nacionalista e cívico-militar de Olavo Bilac, reivindicatória do serviço militar obrigatório para todos os jovens.[1] Depois, com o exército desempenhando papel político na Revolução de 30, aparece o modelo da "escola como quartel", segundo o qual os militares teriam ação preventiva e repressiva em nome da segurança nacional, mediante duas estratégias: a educação pré-militar, que seria dada nas próprias escolas, e o controle do importante ensino da educação física, tão enfatizado nas décadas anteriores, assumindo a formação dos seus professores na Escola de Educação Física do Exército. Essa proposta não se concretizou, mas a permanência dos ideais militaristas pôde ser observada na Escola Nacional de Educação Física e Desportos, criada, em 1939, segundo o modelo da escola do Exército.

2.2 O significado da Revolução para a escola brasileira

Francisco Campos, que promovera a reforma escolanovista de Minas Gerais em 1927, mas era católico e antiliberal, foi nomeado Ministro da Educação e Saúde do governo revolucionário. Em abril de 1931 decretou a volta do ensino religioso facultativo nas escolas públicas, atendendo pedido da Igreja Católica embasado no princípio da encíclica papal *Divini Illius Magistri*, de 1922, de direitos da Igreja anteriores aos direitos do Estado em matéria educacional (opondo-se, portanto, aos liberais, que reivindicavam o direito do Estado de ministrar ensino obrigatório em escolas públicas e leigas). Como propõem Schwartzman e Baía Horta, com a reintrodução do ensino religioso nas escolas públicas primárias e secundárias, inclusive as de ensino normal, a Igreja tentava abrir um espaço de influência no ensino popular, que era majoritariamente público, além daquele que já detinha no secundário, dominado por instituições privadas e confessionais.

É interessante ainda atentar para o dado de que Francisco Campos também decretou a reforma dos níveis superior e secundário do ensino, quando o movimento de reforma do qual ele participara em Minas, em 1927, acumulara experiências e reivindicações no nível popular, das escolas primárias e de formação de professores. No superior, Campos substituiu o modelo das faculdades isoladas, defendido pelos republicanos desde os tempos da propaganda, pelo modelo **universitário** centralizador.[2] No secundário, o ministro, reforçando um dispositivo da reforma federal

---

[1] Em discurso de 9/10/1915 aos estudantes de Direito de São Paulo, Bilac justificava: "Que é o serviço militar generalizado? É o triunfo completo da democracia; o nivelamento das classes; a escola da ordem, da disciplina, da coesão; o laboratório da dignidade própria e do patriotismo. É a instrução primária obrigatória; é a educação cívica obrigatória; é o asseio obrigatório, a higiene obrigatória, a regeneração muscular e psíquica obrigatória. As cidades estão cheias de ociosos descalços, maltrapilhos, inimigos da carta de ABC e do banho –, animais brutos, que de homens têm apenas a aparência e a maldade. Para esses rebotalhos da sociedade a caserna seria a salvação". (Reproduzido de Bandecchi, p. 327).

[2] Em 1945, o país contaria com cinco universidades: a de Minas Gerais, a de São Paulo, a do Brasil, a de Porto Alegre e a Universidade Rural. Segundo Irene Cardoso (1982), a Universidade de São Paulo foi criada, em 1934, no interior de um projeto político-ideológico específico: a "Comunhão Paulista".

L. Alves/Rocha Vaz, de 1925, desautorizou o modelo propedêutico ministrado nos cursos parcelados de preparatórios que vinha do Império, substituindo-o pelo modelo **formador**, seriado e articulado, a ser ministrado em cursos regulares e seriados de cinco anos de duração (curso Ginasial a Fundamental), acrescidos de mais dois anos de preparação para o superior (curso Complementar).

Editando esses atos de "cima para baixo", por meio de decretos-lei, Francisco Campos mostrava-se muito mais um conservador que um renovador. Ministro conservador, Revolução conservadora: esse dístico sintetiza bem o ordenamento do período em questão.

No entanto, considerando a visão de Fernando de Azevedo e outros autores que nele se apóiam, a Revolução de 30 teria sido, do ponto de vista da educação e do ensino, o momento de realização do movimento de renovação desencadeado pelos liberais republicanos adeptos da Escola Nova desde meados dos anos 20, os quais, enquanto especialistas do ensino e tradicionais adversários dos católicos, passaram a desenvolver uma ação político-administrativa no novo governo pondo em prática as idéias que defendiam, "fazendo" a moderna nação brasileira pela renovação do ensino. Azevedo procura provar esse argumento encadeando um conjunto de fatos que estabelecem uma associação entre os atos do movimento revolucionário e dos escolanovistas liberais. Embora reconhecendo que a Revolução não trazia uma política escolar nitidamente traçada, apresenta a criação do próprio Ministério de Educação e Saúde como resultado de uma das aspirações da cultura nacional agitadas pelos pioneiros da Escola Nova. Outro ponto levantado por ele é o dos escolanovistas conseguindo neutralizar a influência dos católicos na IV Conferência Nacional de Educação, promovida pela ABE em 1931, quando se discutiu a questão dos princípios da educação revolucionária em atendimento a um pedido de Getúlio Vargas e Francisco Campos, o que assinalaria a força dos liberais perante a sociedade e seu reconhecimento pelo governo. A associação entre escolanovistas liberais e movimento revolucionário teria não apenas levado os católicos à oposição, afastando-se da ABE e criando sua própria Confederação Católica Brasileira de Educação, como ainda propiciado a Lourenço Filho, Anísio Teixeira e ele próprio, Fernando, a oportunidade de realizar uma administração transformadora à frente, respectivamente, da direção geral do ensino de São Paulo (1930-31), Distrito Federal (1931-35) e de novo São Paulo (1933), em continuidade das reformas inovadoras da década de 20.

Essa influência teria levado ao aparecimento do texto *A Reconstrução Educacional do Brasil*, redigido por Fernando de Azevedo e lançado em março de 1932. Nele, como uma espécie de *Manifesto dos Pioneiros da Escola Nova* (nome, aliás, pelo qual ficou conhecido), o grupo de renovadores liberais pôde apresentar a sua posição **programática**, embasada no pensamento pedagógico de Comte, Durkheim e Dewey, definir uma **política** articulada de educação nacional e desenhar um **projeto** de escola para o conjunto da sociedade brasileira, ao

- inserir-se em um movimento "de 12 anos" (desde 1920, portanto), que visava "a reconstrução social do país pela reconstrução da escola" por meio da ação dos especialistas em educação, e não dos políticos, como vinha acontecendo: nesse sentido, o texto diz que "as surpresas e os golpes de teatro são impotentes para modificar o estado psicológico e moral de um povo" e que o "músculo central da estrutura política e social da nação" (o coração) é o seu sistema escolar, o qual deve organizar a reforma da sociedade;

- considerar como finalidades da educação o direito biológico (do indivíduo, segundo o princípio liberal) acima do direito ou situação de classe;

- propor uma escola adequada ao meio social, a escola socializada, vinculada à sociedade democrática cooperativa, que ofereceria educação integral da personalidade. Essa escola seria função e dever públicos, escola para todos, portanto, comum e única (mas não unitária, como queriam os marxistas, por exemplo), leiga, gratuita e obrigatória, descentralizada e múltipla, com recursos próprios, ou seja, com autonomia técnica, administrativa e financeira, resultando em uma organização escolar única, mas seletiva, de acordo com o princípio liberal das aptidões naturais (e não econômicas);

- propor o escolanovismo como linha pedagógica dessa escola, o qual proclamava como princípios: promover o crescimento dos alunos de dentro para fora em respeito à sua personalidade, aos seus interesses e motivações; oferecer um currículo deweyano, funcional, pelo qual somente aquilo que é vivo, atuante, com função para a vida da criança deve ser estudado; programa de estudo de acordo com a "lógica psicológica" da natureza e do funcionamento da mente infantil (e não de acordo com a "lógica das disciplinas" que caracterizava a escola "velha"); considerar a escola como "mundo social e natural embrionários", ou seja, como comunidade em miniatura;

- encarar a democracia como "um programa de longos deveres", dizendo que a doutrina democrática somente agiria como fonte de reconstrução moral e social mediante a tarefa permanente da educação.

Representado como ponto culminante da trajetória dos escolanovistas no interior do movimento revolucionário, o *Manifesto* teria dado legitimidade à participação dos pioneiros liberais em dois outros importantes episódios do período. A partir da sua *performance* na V Conferência Nacional de Educação, realizada em Niterói, em 1932, e em oposição aos católicos, o grupo teria oferecido "seguros pontos de apoio" aos membros da Assembléia Nacional Constituinte de 1933, de modo a transformar a Constituição por ela aprovada em 1934, na primeira Carta Magna do país a tratar, em títulos e capítulos específicos, de temas sociais, como: a família, a cultura e a educação, enfocados "na órbita de influência dos iniciadores do movimento de reformas da educação brasileira" (*A Cultura Brasileira*, pp. 682). Além disso, os relatores (Lourenço Filho e Anísio Teixeira) do anteprojeto do Plano Nacional de Educação, que deveria, em atendimento às exigências constitucionais, fixar as diretrizes e bases da educação nacional, também teriam saído dentre as lideranças liberais.[3]

Essa versão diz, portanto, o quê? Que estes – anteriormente preteridos pelo ministro Francisco Campos, que dera prioridade aos pedidos da Igreja Católica, em 1931 –, teriam consagrado a sua supremacia sobre os católicos e os militares no embate político-ideológico da época e, atuando em um crescendo, conseguindo estampar a sua marca na nação brasileira. Em reforço de sua versão, Fernando de Azevedo chega inclusive a dizer que as tendências democráticas da política escolar inscritas na Constituição de 1934 se tornariam ainda **mais** acentuadas na Constituição de 1937 (p. 684), pela ênfase que esta deu à educação profissional da classe operária.

Apresentadas assim como "vitórias dos liberais" pela bibliografia de base azevediana, essas medidas são interpretadas de modo mais matizado por outros autores. Circe Bittencourt, por exemplo, diz que **muitos** grupos socioideológicos levaram suas posições para a Assembléia Nacional Constituinte de 1933 e conseguiram inscrever suas pautas no texto constitucional de 1934. Os católicos estavam representados pelos deputados da Liga Eleitoral Católica (LEC), entidade suprapartidária que detinha três quartos das cadeiras da Assembléia. Eles defendiam os direitos da Igreja e da família como anteriores aos do Estado e, portanto, o ensino religioso nas escolas públicas, contra uma **ampla** frente de renovadores – que incluía em suas fileiras, além dos escolanovistas, os representantes dos anticlericais históricos (como maçons e protestantes), a esquerda socialista, e também os chamados deputados classistas, representantes dos trabalhadores –, os quais defendiam a escola gratuita, obrigatória, leiga e co-educativa. Os deputados representantes dos empregadores defendiam a escola técnica-profissional. O resultado foi que, sob o "signo do compromisso", a Constituição de 1934 parece ter sido bem mais – como diz Célio da Cunha, concordando com aquela autora – um produto híbrido, que procurou o atendimento das reivindicações dos vários grupos, ao consagrar:

---

[3] Apresentado ao governo em 1934, o Plano foi abandonado durante o período do Estado Novo.

- o ensino religioso (leia-se: católico) facultativo;
- a fixação de um porcentual mínimo obrigatório de aplicação das verbas públicas ao ensino;
- a descentralização das competências administrativas;
- o sistema de ensino básico (escola elementar) ampliado, integral e com a orientação metodológica da Escola Nova, de acordo com as reivindicações dos liberais, mas nos demais níveis, separado em popular e de elite;
- a ênfase na educação musical, física, moral e cívica, para desenvolvimento dos valores nacionais (leia-se: aqueles representados nas proclamações nacionalistas que vinham dos anos 20).

3. O Estado Novo

Talvez por conta da propagada visão de ruptura dos anos 1931-1934 corra a versão de choque provocado pelo golpe de Vargas e Francisco Campos em 1937. Mas não só a escalada dos pioneiros da escola nova precisa ser dimensionada, como é bom dar visibilidade às marcas de autoritarismo e centralismo presentes já em diversos aspectos do governo constitucional de Vargas (1934-37): é o caso dos episódios de 1935, ano marcado pelo aparecimento da Lei de Segurança Nacional e pela repressão à Aliança Nacional Libertadora, organização liderada por "tenentes" de esquerda e comunistas, e ao levante que estes promoveram no mês de novembro. Com o apoio dos integralistas – que não foram recompensados, como esperavam, com cargos no novo governo e acabaram rompendo com Getúlio – do Exército fortalecido e dos congressistas que o haviam eleito (indiretamente!) presidente para o mandato de 1934-38, a Constituição de 1934 foi substituída por outra,[4] elaborada por Campos, que apresentava nas Disposições Transitórias o mecanismo-chave do novo governo: o uso do decreto-lei pelo Executivo central e pelos interventores estaduais em substituição às iniciativas do Poder Legislativo.

O novo Estado delineado **a partir** de 1935 distinguiu-se do estado oligárquico da Primeira República pela:

- centralização e maior autonomia do poder central em relação às forças locais;

---

[4] "Concorreram para o desfecho grupos situados no interior do governo, em especial no Exército, as vacilações dos liberais e a irresponsabilidade da esquerda", diz B. Fausto (p. 352).

- atuação econômica voltada progressivamente para promover a industrialização;
- atuação social tendente a proteger o trabalhador urbano, reprimindo sua organização quando fora do controle do Estado;
- pelo papel central atribuído às forças armadas como fator de manutenção da ordem interna e da criação da indústria de base no país.

Para construir a imagem do regime como **novo**, isto é, moderno e nacional, Getúlio Vargas manteve uma linha de atuação marcantemente autoritária,[5] centralista e intervencionista, exercida em dois planos. Dando conta de constituir a nação moderna reclamada pela sociedade desde fins da década de 20, organizou o **Estado** mediante a criação de **instituições** tecnoburocráticas com poder de "decisão racional para comandar as massas irracionais". Nessa linha, foram criados, em 1938, o Departamento de Administração do Serviço Público (Dasp) e os seus correlatos estaduais, os "daspinhos", que adotaram métodos modernos, técnicos, aplicando a ciência da administração norte-americana para conseguir padrões de racionalidade, eficiência e economia. Também definiu e propagou o nacionalismo como a **cultura** oficial do regime: controlando os meios de comunicação de massa da época, como o rádio, a imprensa e o cinema para reprimir e censurar as manifestações do liberalismo e do comunismo, o Departamento de Imprensa e Propaganda (DIP), organizado em 1939, fazia simultaneamente a defesa da "raça de bandeirantes", do culto à pátria, da família tradicional, da mulher-mãe, do trabalhador-herói, da nação eugênica.[6] Assim, o Estado Novo também procurava orientar a **mentalidade** da sociedade para instituir a moderna nação brasileira.

3.1 A nova educação

Evidentemente o novo Estado necessitava que a educação escolar concorresse para promover esses valores atribuídos à família, à religião, à pátria e ao trabalho – que já circulavam desde os anos 20 – para serem aceitos nacionalmente, por **toda** a sociedade, como bases de uma nação moderna. A questão que se coloca é que, servindo à nação, a educação servia ao Estado, instituidor da nação. Assim as linhas ideológicas que definem a política educacional do período vão se orientando pelas matrizes instituintes do Estado Novo: centralização, autoritarismo, nacionalização e modernização.

---

[5] E não totalitária, segundo B. Fausto, uma vez que não estava apoiado em partido único que organizasse as massas, não obstante o fascínio de Vargas e outras figuras do período pelo nazi-fascismo.

[6] Introduzindo, entre outras medidas de controle e profilaxia, a obrigatoriedade do exame pré-nupcial, como mostra o trabalho de Cynthia Vilhena.

"A educação entrou no compasso da visão geral **centralizadora**", diz B. Fausto (p. 337), pois a escola, tendo alta importância política, na medida em que é representada como instrumento de conformação e controle da sociedade, não podia ser deixada a cargo das forças locais, descentralizadoras, como propunham os pioneiros liberais do *Manifesto*.

O Estado Novo vai desenvolver uma política educacional de molde **autoritário** e uniforme. Isso aparece claramente em 1937, na fala de Gustavo Capanema,[7] ministro da Educação desde 1934, quando diz que a educação é instrumento do Estado para preparar o homem não para uma ação qualquer na sociedade, não para preparar o homem "em disponibilidade", apto para "qualquer aventura, esforço ou sacrifício" (como queria o liberalismo de Dewey, inspirador dos liberais no *Manifesto*), mas para "uma ação necessária e definida, uma ação certa: construir a nação brasileira". Contra o "homem sem aderências" dos liberais escolanovistas, que adaptavam a escola às necessidades da ordem capitalista internacional, contra os estrangeiros, os imigrantes que desnacionalizavam o Brasil:[8] essa é a proclamação da nova escola de Vargas e Capanema.

Para reforçar o **nacionalismo** o Estado Novo destacou no currículo dos cursos elementares e secundários a importância da educação física, do ensino da moral católica e da educação cívica pelo estudo da História e da Geografia do Brasil, do canto orfeônico e das festividades cívicas, como a "Semana da Pátria". Ecoando Comte – uma das importantes matrizes do pensamento de Vargas –, no ensino primário o objetivo da formação era dar "sentimento patriótico" e no secundário, a "consciência patriótica".

Finalmente a **modernização** deu-se pela implantação do aparelho burocrático-administrativo do setor educacional. Foram criados órgãos federais que instalaram a estrutura administrativa definitiva do ensino e passaram a estabelecer regras a serem cumpridas no plano estadual: o Ministério da Educação e Saúde (1931), o Conselho Nacional de Educação (1931), a Comissão Nacional do Ensino Primário (1938), o Fundo Nacional do Ensino Primário (1942), o Inep – Instituto Nacional de Estudos Pedagógicos (1938), o Instituto Nacional de Estatística (1934), que deu origem ao IBGE (1938), o Instituto Nacional do Livro, o Serviço de Radiodifusão Educativa, o Ince – Instituto Nacional do Cinema Educativo, e o Sphan – Serviço do Patrimônio Histórico e Artístico Nacional.

Além dessa "construção institucional", como a chama Sérgio Micelli, para garantir a modernidade o governo central regulamentou minuciosamente a organização

---

[7] Por ocasião do centenário do Colégio Pedro II (Reproduzido de Leonor Tanuri, p. 11).

[8] Em 1939 foi promulgado um decreto nacionalizando as escolas dos núcleos de colonização estrangeira, mas a efetivação da medida somente acontece quando da entrada do país na guerra em apoio aos Aliados.

de todos os tipos de ensino no país. A moderna sociedade brasileira precisava tanto de uma *intelligentzia* que definisse todos os contornos da brasilidade quanto de mão-de-obra qualificada, **especializada**, que produzisse para a agricultura, a indústria e o setor de serviços. Todos os sistemas de ensino foram, então, conformados a esses objetivos mediante as "Leis Orgânicas" do ensino.

3.2 As "Leis Orgânicas"

Editadas por meio de decretos-lei, pelo ministro Capanema, entre 1942-46, na seguinte seqüência:

- ensino industrial – 1942
- ensino secundário – 1942
- ensino comercial – 1943
- ensino primário – 1946
- ensino normal – 1946
- ensino agrícola – 1946

elas visavam à construção de um sistema centralizado e articulado intrapartes, e atingiram tanto o ensino público quanto o particular mediante o mecanismo da **equiparação**, com efeitos legais para as escolas privadas que se submetessem à fiscalização federal.

O ensino secundário acadêmico, dividido em curso ginasial de quatro anos e curso colegial de três, era reservado às "individualidades condutoras": garantia-se este alvo mediante as estratégias de inspeção regular das escolas públicas e incentivo à rede privada, que ministrava ensino pago para mais de 80% dos alunos. Não por acaso, foi dos primeiros a ser regulamentado: para S. Schwartzman, a escola secundária concentrou as atenções da ação estadonovista porque tinha em vista o **aluno ideal**, ou seja, o homem católico, de formação clássica e disciplina militar, que formaria as camadas superiores. Não se aceitava a co-educação e as classes femininas foram conformadas à função de preparação para a vida doméstica.

Para Marinete Silva, o ensino priorizado foi o secundário **técnico**, nas modalidades agrícola, industrial e comercial, destinado a preparar mão-de-obra para as novas funções da "era das máquinas", voltadas para a abertura do mercado interno (e não do mercado internacional, como praticavam os liberais da Primeira República). Isso explicaria os índices de crescimento nas matrículas, que foram, entre 1937-45, respectivamente, de:

- ensino primário – 100/120

- ensino superior — 100/111
- ensino secundário — 100/199
- ensino industrial — 100/470

O aspecto mais interessante da proposta do ensino técnico do Estado Novo é que ele tinha um caráter **formador**, na medida em que era organizado em ciclos, oferecendo formação continuada e com matérias humanísticas além das específicas, técnicas. Mas, por ser **explicitamente** destinado às camadas populares, sua criação não afetou a tradicional dicotomia ensino das elites/ensino popular. Para Leonor Tanuri (1998, pp. 91-92), essas reformas de Capanema evidenciam a típica "situação de compromisso" da Era Vargas: elevava-se o técnico-profissional na estrutura vertical do ensino, pareando-o com o nível do ginásio e do colégio, para preservar-se o elitismo do acadêmico. Pode-se dizer que essa medida era destinada a promover o desenvolvimento econômico sem modificar a ordem social: na formulação de Marinete Silva, não obstante a sua grande importância o ensino industrial situava-se como "guardião das diferenças de classes" (p. 32).

O ensino primário foi objeto de regulamentação do poder central pela primeira vez, desde 1827. Elevou-se o curso normal na estrutura do ensino, sobreposto, na maioria dos Estados, ao curso secundário. Com a criação de escolas-granjas, escolas normais rurais e escolas típicas-rurais, dava-se conta da "vertente agrícola" do governo Vargas.

Nesse longo processo de conformação da educação e do ensino na Era Vargas, a polarização dos escolanovistas foi inevitável. As figuras mais conflitantes do grupo liberal afastaram-se, ao passo que a maioria se acomodou no interior do novo quadro institucional e ideológico do período, cuidando de renovar o pedagógico. Lourenço Filho, um dos grandes nomes dentre os pioneiros liberais da Escola Nova, desenvolveu a linha da educação como questão de segurança nacional, ocupando diversos cargos na estrutura tecnoburocrática do governo. A contraversão de Marta Carvalho à narrativa de Azevedo sugere que esse movimento foi não só possível como esperado, devido aos traços comuns ao Estado Novo e à Escola Nova: nacionalismo, operosidade do cidadão, racionalidade, higienização da sociedade e trabalho educativo. Dentro da escola, as "Leis Orgânicas" procuraram regulamentar o cotidiano de professores e alunos: são visíveis no período do Estado Novo as **prescrições** de padronização da programação curricular e da arquitetura escolar, do controle do recreio e da disciplina, da adoção das classes homogêneas e do método único de leitura (analítico-global), do uso do uniforme, da verificação do asseio corporal, do incentivo à formação de bibliotecas e de clubes de leitura, de clubes agrícolas, exposições, excursões e jornais escolares, do escotismo, do cinema e rádio educativos, de grêmios e caixas escolares.[9] Elas **ecoam**, sem dúvida, orientações da Escola Nova defendidas nos anos 20 e 30. Mas apenas a continuidade de pesquisas aprofundadas das práticas desenvolvidas nas instituições escolares da Era Vargas – como a que fez Diana Vidal no seu belo trabalho sobre o Instituto de Educação do Rio de Janeiro, dos anos 1932-37, onde concluiu que, por ter sido *também* um cenário de práticas de controle e vigilância das novas propostas educacionais é que essa escola de formação de professores pôde manter suas características de laboratório de idéias do movimento escolanovista ao longo das décadas seguintes – permitirá dimensionar as permanências e transformações da Escola Nova no **interior** das suas intricadas relações com o Estado Novo.

Bibliografia

ANTUNHA, H. "A Universidade de São Paulo: Fundação e Reforma". São Paulo: FEUSP, 1974.

AZEVEDO, F. de. *A cultura brasileira*. 4ª ed. São Paulo: Melhoramentos, 1964.

_____. "A Reconstrução Educacional no Brasil". *Revista Brasileira de Estudos Pedagógicos*, XXXIV, 79 (1960): 108-127.

BAÍA HORTA, J. S. *O hino, o sermão e a ordem do dia:* a educação no Brasil (1930-45). Rio de Janeiro: Ed. UFRJ, 1994.

BANDECCHI, B. "A Liga Nacionalista". *Revista do Instituto Histórico e Geográfico de São Paulo*, LXXIII (1977): 325-348.

BASTOS, M. H. C. "O novo e o nacional em revista: a 'Revista do Ensino' do Rio Grande do Sul, 1939-1942". São Paulo: FEUSP, 1994.

BITTENCOURT, Circe M. F. "Os problemas educacionais na Assembléia Nacional Constituinte de 1934". *Revista da FEUSP*, 12, 1/2 (1986): 235-260.

BOMENY, H. (org.). *Constelação Capanema*: intelectuais e políticas. Rio de Janeiro/Bragança Paulista: FGV/USF, 2001.

BOSI, A. "A Educação e a Cultura nas Constituições Brasileiras". _____. (org.). *Cultura brasileira*: temas e situações. 2ª ed. São Paulo: Ática, 1992.

BUFFA, E. *Ideologias em conflito*: escola pública e escola privada. São Paulo: Cortez e Moraes, 1979.

---

[9] Arroladas segundo o trabalho de M. Helena Bastos, que detectou essas estratégias sendo difundidas por uma revista pedagógica que circulava no Rio Grande do Sul.

CARDOSO, I. *A universidade da comunhão paulista*. São Paulo: Cortez e Autores Associados, 1982.

CUNHA, C. da. *Educação e autoritarismo no Estado Novo*. São Paulo: Cortez e Autores Associados, 1981.

CUNHA, L. A. *A universidade temporã*: o ensino superior da colônia à Era Vargas. Rio de Janeiro: Fr. Alves, 1986.

CURY, C. R. J. *Ideologia e educação brasileira*: católicos e liberais. São Paulo: Cortez, 1978.

FAUSTO, B. *A Revolução de Trinta*: historiografia e história . São Paulo: Brasiliense, 1970.

GOMES, A. de Castro (org.). *Capanema: o ministro e seu ministério*. Rio de Janeiro/Bragança Paulista: FGV/USF, 2000.

HAIDAR, M. L. M. e TANURI, L. M. "A Educação Básica no Brasil". Aa.Vv. *Estrutura e funcionamento da educação básica*: leituras. São Paulo: Pioneira, 1998.

MICELLI, S. *Intelectuais e classe dirigente no Brasil*: 1920-1945. São Paulo: Difel, 1979.

PENNA, M. L. *Fernando de Azevedo*: educação e transformação. São Paulo: Perspectiva, 1987.

SCHWARTZMAN, S. e outros. *Tempos de Capanema* São Paulo/Rio: Edusp/Paz e Terra, 1984.

SILVA, Marinete S. *A educação brasileira no Estado Novo*. São Paulo: Livramento/Panorama, 1980.

VIDAL, Diana G. "O Exercício Disciplinado do Olhar: livros, leituras e práticas de formação docente no Instituto de educação do Distrito federal (1932-37)". São Paulo: FEUSP, 1995.

VILHENA, Cynthia P. de S. "Família, mulher e prole: a doutrina social da Igreja e a Política social do Estado Novo (1930-45)". São Paulo: FEUSP, 1988.

Capítulo 8
Escola Brasileira
na República Populista

Arquitetura do "Convênio Escolar".

Capítulo 8
A ESCOLA BRASILEIRA
NA REPÚBLICA POPULISTA

1. Nosso Ponto de Vista

É notável que parte da legislação decretada por Capanema tenha sido editada após o fim do Estado Novo, continuando consagrada por quase 20 anos. Podemos pensar que essa permanência se deu porque as últimas "Leis Orgânicas" eram pouco estadonovistas, isto é, menos centralizadoras e uniformizadoras, como explica Célio da Cunha, que lembra terem sido elas produzidas na fase de desagregação do Estado Novo, e por inspiração de Capanema, que era um intelectual humanista, menos autoritário. Ou teria sido porque o movimento de 1946 foi bem pouco de "redemocratização" do país, como sugere M. do Carmo C. de Souza, considerando que a retomada do regime político representativo esteve marcada pela atrofia do Poder Legislativo, já que as decisões **continuavam** a ser tomadas nas agências burocráticas do Executivo criadas desde 1930? O argumento é que a institucionalização do sistema partidário brasileiro no período em questão foi "dificultada pela existência prévia de uma estrutura estatal extremamente centralizada e burocratizada, que se desenvolveu e consolidou a partir da Revolução de 1930 – e especialmente durante o Estado Novo – cujos traços básicos permaneceram durante o regime de 46".[1]

Está colocada a questão prévia deste capítulo, que diz respeito aos qualificativos "redemocratizador" e "vitória liberal" atribuídos, respectivamente, ao período pós-Estado Novo e à Constituição de 1946: talvez seja mesmo o caso de questioná-los, pois, considerando o setor da educação (e, a partir dele, vendo o que acontece à

---
[1] Citado pela síntese de R. Sampaio (1982, p. 32).

sociedade), alguns novos trabalhos estão discutindo e caracterizando o período em termos de continuísmo e conservadorismo.

2. A Redemocratização de 1946 e o Legislativo

Tomando como objeto de estudo a Assembléia Constituinte de 1946, que elaborou a nova Constituição que viria a substituir aquela de 1937, Romualdo P. de Oliveira examinou em trabalho de 1990 os respectivos *Anais* e concluiu que os princípios educacionais aí discutidos e votados devem ser vistos como "momentos da luta entre católicos e pioneiros", estando, portanto, ligados aos processos da década de 30. Para esse autor as discussões e deliberações aí ocorridas mostram muito mais um **continuísmo** do debate passado do que prospectivas em relação ao futuro, pois os discursos dos constituintes retomam a grande questão da educação levantada nas décadas de 20 e 30: quem e como conseguir o controle da educação escolar, entendida como formadora de mentalidades. Nas falas dos representantes dos dois partidos majoritários, o Partido Social Democrático (PSD) e a União Democrática Nacional (UDN), que compunham 80% da Assembléia (respectivamente, com 177 e 88 deputados, sendo o PSD composto por getulistas apoiados por empresários do capital nacional e a UDN formada por opositores regionais ao Estado Novo, antigetulistas ligados ao empresariado do capital estrangeiro), Oliveira vê a educação escolar aparecer como "regeneradora de costumes, forma de contenção social e construtora do progresso social democrático": os constituintes usam a argumentação difundida nos anos 20 e 30, com os católicos-conservadores posicionando-se **contra** o que chamam de "monopólio" do Estado no oferecimento da educação gratuita e obrigatória, e a favor do ensino de religião na escola pública e da liberdade de ensino, e os liberais **defendendo** a educação neutra, única, mista, leiga, gratuita e obrigatória, oferecida pelo Estado como parte dos seus deveres sociais.

Essa visão difere da interpretação de outros autores (como D. Saviani, M. L. S. Ribeiro, Bárbara Freitag e Otaíza Romanelli), que consideram o debate educacional dos anos 40 como já dominado pela perspectiva desenvolvimentista, isto é, aquela que propõe a educação como fator dinamizador da economia, como qualificadora da mão-de-obra. Para Oliveira essa posição desenvolvimentista está presente sim, mas na sociedade, através do discurso de alguns representantes da geração dos "pioneiros" e de membros do Idort, e **não** entre os constituintes de 1946. A maioria getulista na Assembléia, liderada por Gustavo Capanema, então deputado constituinte pelo Estado de Minas Gerais, não poderia mesmo apresentar esse "discurso novo", motivo pelo qual, portanto, essa tendência não foi incorporada à lei.

Acresce que os deputados foram para os trabalhos sem receber um anteprojeto de autoria do governo e decidiram tomar a Constituição de 1934 como guia, recuperando não apenas a "letra" da lei, mas o seu "espírito", mediante a rememoração dos debates que haviam precedido a aprovação desta Carta. Uma inspiração mais próxima veio dos trabalhos da IX Conferência Brasileira de Educação, em 1945, a qual aprovou o documento *Carta da Educação Brasileira Democrática*, que apresentava o programa de política educacional dos liberais para o novo contexto, **associando** intrinsecamente a possibilidade da restauração da democracia no país à educação escolarizada, mediante as estratégias de universalização da escola elementar gratuita e leiga e manutenção do ensino secundário propedêutico e profissional, sem o dualismo estrutural da escola getulista, que separava a "escola das elites" da "escola dos trabalhadores".

Nesse sentido diz-se que católicos e liberais vão ter os seus pontos programáticos inscritos na nova Constituição – ensino religioso facultativo, rendas mínimas para o custeio do ensino e educação como co-responsabilidade do Estado e da família –, mas a força dos conservadores venceu o debate quanto à filosofia subjacente aos artigos que tratam da questão educacional: além de o PSD ter inscrito na Lei **todas** as reivindicações do seu programa, **não** foram priorizados nos debates os temas da expansão da escola pública e da reorientação mais democrática do sistema escolar, que continuava regido pelas "Leis Orgânicas" do Estado Novo, nem garantidas no texto providências no sentido do enfrentamento deles.

A existência de mais de 50% de analfabetos no país, por exemplo, não foi considerada um fator preocupante, caindo no vazio a fala do constituinte e diretor do IBGE, Teixeira de Freitas, que provou com dados técnicos ser possível o oferecimento pelo Estado de uma escola primária de três anos para **toda** a população. Desde o início da década de 40 a sociedade brasileira passava por um processo muito acentuado de industrialização de bens de consumo e de urbanização, com altas taxas de migração interna da zona rural para as cidades,[2] nas quais as ocupações exigem outro estilo de vida, com mais anos de escolarização. Se a cultura urbano-industrial já era definida como escolar, isto é, implicando em relações sociais e culturais letradas, o êxodo rural de analfabetos trazia uma dificuldade que parece não ter sensibilizado os constituintes para o seu enfrentamento.

Confirma-se, pois, a interpretação daquele autor que estamos citando, quando diz que os debates na Assembléia Constituinte de 1946 foram pautados segundo os alinhamentos **ideológicos** mais amplos concernentes aos direitos da Igreja e do

---

[2] Se, em 1920, 11,3% da população era urbana, em 1946 essa taxa saltara para 44,13%.

Estado sobre a educação – revestidos de disputas em torno do ensino público *versus* o ensino privado –, configurando-se como "momento de luta entre os pioneiros e os católicos". Simultaneamente postergava-se para a futura etapa da aprovação de uma Lei de Diretrizes e Bases (LDB) as principais definições da **política** educacional nacional. Essa espera duraria 15 anos.

2.1 A LDB de 1961

O ministro da Educação Clemente Mariani convocou uma comissão de antigos "pioneiros",[3] que preparou um anteprojeto de LDB de orientação liberal e descentralizadora, apresentado à Câmara dos Deputados para discussão em 1948. Esse texto sofreu grande oposição de Gustavo Capanema, que era líder do PSD na Câmara Federal, o qual defendia a centralização, isto é, o controle da educação pelo governo da União tanto em termos de idéias quanto de organização. O antigo ministro do Estado Novo reativava a velha disputa descentralização x centralização, o que parece ter servido para desviar a atenção da sociedade do problema que os **educadores** consideram básico, que era como tornar acessível (democratizar) o ensino aos 50% de analfabetos do país.

Devido à oposição liderada por Capanema, o projeto foi "engavetado"[4] e a questão da LDB somente foi agitada nos meados da década seguinte, quando um deputado da UDN, Carlos Lacerda, apresenta por três vezes, em 1955, 1958 e 1959, substitutivos de orientação **privatista**: defendendo o pressuposto da primazia do direito da **família** – e não do Estado, como diziam os liberais – de educar seus filhos; e, colocando o financiamento das escolas privadas **pelo** poder público, para que se tornassem gratuitas às famílias, esses textos deslocavam a discussão para o terreno da disputa ensino público x ensino privado. O projeto Lacerda atendia aos interesses comerciais da iniciativa privada organizada empresarialmente e aos ideológicos da Igreja Católica[5] e provocou a reação imediata de educadores e intelectuais, que, superando suas divergências internas, desfecharam uma verdadeira "Campanha de Defesa da Escola Pública" cujo espírito pode ser sintetizado na palavra de ordem lançada pela UNE, na época: "Mais verbas públicas para a educação pública". Esse movimento foi liderado pelos educadores da "geração dos pioneiros" e outros intelectuais, professores, estudantes e lideranças sindicais da época, tendo como centro irradiador a USP,

---

[3] É interessante notar que essa comissão era presidida por Lourenço Filho, que vinha de uma intensa atuação nos organismos institucionais do Estado Novo.

[4] Na verdade, o texto do projeto desapareceu dos arquivos da Câmara e somente pôde ser reconstituído a partir do trabalho das subcomissões.

[5] As igrejas evangélicas, porém, foram contra a integração Estado-Igreja temendo que resultasse em ensino religioso católico nas escolas: queriam Igreja e Estado independentes.

congregando-se, dentre eles: Florestan Fernandes, J. E. R. Villalobos, Roque S. M. de Barros, Fernando Henrique Cardoso, Fernando de Azevedo, Lourenço Filho, Anísio Teixeira, M. Brejon, Laerte R. de Carvalho e outros.

O substitutivo Lacerda foi aprovado como Lei de Diretrizes e Bases da Educação Nacional (Lei nº 4.024, de 20/12/1961), nos termos propostos de apoio à iniciativa privada, sem alterar a organização existente desde Capanema (1942), exceto pela proposição de currículos flexíveis e de mecanismos democratizantes do tipo possibilidade de aproveitamento de estudos entre o ensino técnico e o acadêmico. Ao facilitar a expansão do ensino privado, principalmente para os níveis secundário e superior, ao oferecer-lhes **subsídios** na forma de bolsas de estudo e auxílio na manutenção da infra-estrutura dessas escolas, ao tratar da expansão do ensino em termos de incentivo à escola privada sem alterações importantes no ensino público, ficam evidentes os **limites** do liberalismo democrático representado como inspirador da nova Lei, o qual definia ideologicamente o período: do ponto de vista do sistema escolar, os anos de 1946 a 1964 são **conservadores**.

O que é **inovador** vem dos movimentos de base popular, não institucionais, dirigidos ao povo trabalhador e organizados pela ação conjunta de populares e grupos de intelectuais. Dentre eles estão movimentos de difusão da cultura popular, como os Centros Populares de Cultura, criados pela UNE em 1961 (O. Fávero, 1983); e as iniciativas de educação de adultos, como: o Serviço de Educação Supletiva do Estado de São Paulo, criado em 1948, o Movimento de Educação de Base (MEB), patrocinado pela Confederação dos Bispos do Brasil, de 1961, que atuava na zona rural pelo uso do rádio, e o Método de Alfabetização de 40 horas, de Paulo Freire – que, mediante o domínio cognitivo do letramento **e** a sua conscientização como ser de valor, pretendia alcançar a inserção do educando no processo histórico –, e se constituiu em núcleo do Plano Nacional de Alfabetização de Adultos, que funcionou de janeiro a abril de 1964 (C. Beisiegel, 1974). À margem do empenho oficial, as reivindicações de educação popular são atendidas, assim, "em paralelo" ao sistema regular.

2.2 Um estudo de caso: o Legislativo paulista

No exame que fez da atuação dos deputados estaduais paulistas nesse período, no texto "Ação política e expansão da rede escolar", Celso Beisiegel constatou que eles agiam de forma conservadora e **disfuncional** ao ponto de vista da racionalidade pedagógica, que era uma das marcas dos educadores pautados pela Escola Nova: ao ampliarem a oferta de vagas e, portanto, a possibilidade de matrícula nas escolas públicas das pequenas cidades, e não na zona rural, menos assistida, e nos cursos tradicionais dos ginásios e escolas normais, mais do que nas escolas técnicas enfatizadas como necessárias ao país, a tendência manifestada por esses políticos foi a da ação segundo critérios extra-educacionais. Esse autor percebeu que eles, individualmente, passaram a criar pelo menos um estabelecimento oficial em todos os municípios, mesmo que as conclusões do curso primário não alcançassem o número mínimo exigido por lei (60 alunos, em 1949), ou não houvesse infra-estrutura material e de recursos para sustentá-los. Já os **educadores**, que ocupavam os órgãos técnicos do ensino e influenciavam a própria Comissão de Educação e Cultura da Assembléia Legislativa não queriam essa criação desordenada de ginásios e escolas normais, preferindo abrir um estabelecimento por região, com o argumento que não havia professorado habilitado para tantas escolas.

Foi observado também que os deputados apresentavam projetos de criação de escolas nas épocas que precediam as eleições, ou seja, esses deputados agiam ampliando a oferta de vagas por razões estranhas à educação: se a abertura de escolas garantisse **votos**.[6] Porém, com essa atitude de levar em consideração o eleitorado, eles se mostravam atentos às novas exigências da moderna sociedade urbana e letrada (ainda que pouco industrializada), pois as populações já tinham interesse nessas escolas públicas e gratuitas para ingressar nas carreiras do funcionalismo público, do magistério e da administração privada e obter ascensão social. Beisiegel pôde concluir, então, que os políticos de São Paulo atuaram também como **agentes** do processo de democratização.

3. Populismo: entre a Política Racionalista e a Clientelista

Muitos autores preferem olhar o período de um outro ponto de vista, que conduz também aos limites da orientação liberal democrática das décadas de 40 e 50: o do populismo. Segundo Francisco Weffort, com a inexistência desde 1930 de uma classe hegemônica que dominasse os meios de produção, e mais a expansão do mercado de trabalho e a secularização da cultura e dos comportamentos,[7] abria-se espaço para a

---

[6] Veja-se, nesse texto de Beisiegel, o depoimento de um membro da administração do sistema escolar: "uma só escola secundária, bem situada em uma cidade central em relação a várias outras pequenas cidades, instalada em prédio adequado e dotada de professores e pessoal administrativo devidamente habilitados atenderia melhor a vários municípios de uma região do que o fazem, em cada um desses municípios, uma escola mal-instalada e com professores e diretor improvisados entre pessoas não habilitadas" (pp. 161-62); e a justificativa de um projeto da Comissão fixando critérios para a criação de ginásios: "Em 1949 a Comissão de Educação e Cultura, alarmada com o número de projetos de criação de ginásios e com a ausência de qualquer critério, a não ser o eleitoral e demagógico, procedeu a estudos e levantamentos estatísticos, convocou técnicos e especialistas para consultas e apresentou afinal um plano..." (pp. 163-64).

[7] É interessante notar que a principal meta ideológica aparente do populismo é o moralismo, pelo qual se limitavam os privilégios dos mais favorecidos.

manifestação das camadas populares e o aparecimento de políticos que se propunham a satisfazer essas reivindicações, acenando com melhorias e reformas em troca do apoio aos seus próprios interesses. Mas não se trata de um fenômeno de natureza pessoal, envolvendo a adesão emocional das massas às figuras carismáticas. Pelo contrário, levando-se em conta as condições históricas de sua formação, o populismo revela a emergência das classes populares e a necessidade da incorporação delas ao jogo político, uma vez que ameaçavam os grupos dominantes:

> o populismo foi um modo determinado e concreto de manipulação das classes populares, mas foi também um modo de expressão de suas insatisfações (...) um dos mecanismos através dos quais os grupos dominantes exerciam o seu domínio, mas também uma das maneiras através das quais esse domínio se encontrava potencialmente ameaçado (p. 51).

Se há um populismo de cúpula que instrumentaliza as massas, há um populismo das massas que leva à agitação política e pode assumir formas revolucionárias. Daí a importância do seu controle. Como isso se deu?

Para esse autor ocorre uma **reelaboração** da estrutura do Estado getulista, pois os líderes populistas dirigem-se diretamente às massas, ignorando muitas vezes a estrutura institucional montada no Estado Novo. Isso é visível nas figuras que ocuparam o **Executivo** federal e estadual no período – Jânio Quadros, Adhemar de Barros, Jango Goulart e Juscelino Kubitschek –, das quais um exemplo modelar é a atuação daquele primeiro político, que dominou a cena de São Paulo na década de 50, como vereador, prefeito da Capital e governador (e depois a do país, como Presidente). Jânio – prefeito de São Paulo entre 1953-54, e governador do Estado entre 1955-58 – governou, segundo Iglésias (p. 278), como o Bonaparte III visto por Marx: fortalecendo o Poder Executivo em detrimento das práticas legislativas e arbitrando as disputas entre as classes sociais com o apoio da burguesia e das classes médias. Sua linha populista de apelo direto às massas fica bem evidente na prática dos "bilhetinhos", mediante os quais Jânio tomava suas providências, ou seja, sem passar pelas discussões na Assembléia Legislativa, cujas comissões técnicas eram assessoradas por especialistas, atendia as reivindicações que lhe eram encaminhadas pelas suas bases eleitorais nos encontros promovidos pelas Sociedades de Bairros, ou pelos seus inúmeros cabos eleitorais, seus interlocutores **diretos**.

Sua ação na área da educação escolar pode ser conhecida pelo estudo de Marília Spósito, *O povo vai à Escola*, no qual ela analisa tanto as reivindicações populares desse período por mais escolas elementares e secundárias quanto os mecanismos democratizantes de atendimento acionados por esse político, **sem** o respaldo dos educadores profissionais, cuja atuação se pautaria pelas mesmas marcas racionalistas das décadas anteriores.

Para atender à demanda por mais vagas nas escolas públicas, resultante do explosivo crescimento urbano-industrial da capital paulista no período, Jânio aplicou, em relação à escola elementar, um conjunto de mecanismos apresentados como circunstanciais e provisórios, que incluíam:

- a redução dos períodos letivos dos grupos escolares, que passaram a funcionar, desde 1956/57, em três ou quatro turnos diários, ou seja, com 2,20 horas-aula de duração;
- a instalação das "classes de emergência": em 1959 havia 1.200 delas;
- o aumento do número médio de alunos por classe, que passou de 25, em 1935, para 40, em 1959;
- a adoção, em 1960, do regime de "promoção automática";
- a construção de galpões de madeira, mobiliados com móveis feitos de caixotes, para a instalação das escolas elementares, ignorando ostensivamente a ação do Convênio Escolar, órgão técnico encarregado de projetar os edifícios escolares construídos pela Prefeitura, que os repassava para o governo do Estado para a implantação das escolas. O Convênio vinha desenvolvendo desde 1943 um cuidadoso programa de arquitetura escolar descentralizada moderna, racionalista, funcionalista e organicista, que atentava para os princípios da higiene e das funções que seriam desenvolvidas nos espaços escolares, segundo as prescrições escolanovistas da psicologia infantil (Domingues, 1993). Como solução para o impasse (ou como represália?), o novo prefeito municipal, que fazia oposição a Jânio Quadros, criou, em 1956, o ensino elementar **municipal**, que também ignorou o Convênio, mas fez crescer entre os anos 1956 e 1957, em mais de um terço, o número das matrículas na escola elementar.[8]

Quanto ao ensino secundário, Jânio adotou os mecanismos de:

- "aprovação compulsória" de 80% dos alunos matriculados nos ginásios e nas escolas normais, para desocupar as vagas para novos alunos;
- criação de escolas normais e ginásios noturnos;
- instalação de "secções", ou seja, extensões dos ginásios tradicionais, que passaram a funcionar em prédios de grupos escolares ou de escolas privadas,

---

[8] Aliás, em um estudo dos primórdios das escolas municipais cujo êxito envolveu estratégias relativas ao trabalho feminino, Marlene Lattouf (2001) sugere que anteriormente a Jânio Quadros e ao Convênio, o prefeito Prestes Maia também desenvolvera uma arquitetura escolar, mas em sentido contrário: afinada com os critérios centralizadores e racionalistas dos anos 20 e 30.

configurando um verdadeiro derramamento de escolas secundárias acadêmicas em todo o Estado.⁹ O número dos ginásios públicos no Estado passou de três, em 1930, e 41, em 1940, para 465, em 1962, sendo que apenas nos anos de 1956 e 1957, no governo Jânio Quadros, foram criados 61 novos ginásios, 42 deles na forma de secções.

Com essas medidas ficava assegurada a matrícula de todos os egressos do curso primário, eliminando-se na **prática** a barreira seletiva entre o grupo escolar e o curso secundário representada pelo "exame de admissão" ao ginásio, que represava cerca de 50% dos candidatos. Esse exame seria legalmente suprimido no Estado de São Paulo alguns anos depois, em 1967, antecipando uma medida que seria tomada posteriormente, com a criação da escola única de oito anos (o então Primeiro Grau), pela reforma de 1971.

As iniciativas adotadas por Jânio **não** tinham o apoio do Poder Legislativo, principalmente dos representantes da UDN, nem de intelectuais nem de educadores da Secretaria da Educação (inclusive dos próprios Secretários!), que se manifestaram pela imprensa, falando em "falta de critérios técnicos", "perda de qualidade da cultura", "derrama de escolas" e "desqualificação da profissão docente". De fato os professores, à medida que passaram a trabalhar nos ginásios noturnos, ou nas "secções", sem recursos adequados de infra-estrutura, sem garantias trabalhistas e "sem concurso", vivenciaram um processo de **proletarização**. A aprovação compulsória dos alunos também foi apontada, à época, como fator de **esvaziamento** do trabalho docente.

Muitos educadores acusavam explicitamente o governo de Jânio de responder à demanda por mais vagas com a abertura de escolas ginasiais porque estas eram menos onerosas que as escolas técnicas. Também denunciaram a expansão do ensino secundário acadêmico como uma medida populista, com finalidades eleiçoeiras, uma vez que o oferecimento de ginásios em detrimento da extensão da escolaridade elementar e do ensino técnico estimulava a procura por um diploma que era símbolo de prestígio social.

Apesar das resistências, as medidas adotadas tornaram-se permanentes. Como foram implantadas na sua maior parte em bairros **periféricos** da capital paulista, que concentravam os moradores de renda mais baixa, historicamente desassistidos, Spósito fecha bem a sua análise mostrando que a política do período realizava a "lei do cuidado inverso": essa lei da sociologia diz que quanto mais pobre é a população,

---

9   O tradicional ginásio "Fernão Dias", do bairro paulistano Pinheiros, por exemplo, deu origem a duas secções instaladas nos bairros Butantã e Consolação.

menos cuidados qualificados ela recebe do poder público para os setores de saúde e educação.

Enfim, a combinação, de um lado, dos princípios de ação supletiva do Estado no oferecimento da educação popular e de igualdade de condições entre escolas públicas e privadas no uso de verbas públicas – princípios que circulavam no período e foram consagrados pela LDB de 1961 por conta de um limitado liberalismo democrático do Legislativo – e, de outro, da atuação personalista e centralizadora dos líderes populistas do período, concorreu para que a demanda por mais educação escolar que subia dos movimentos sociais populares se resolvesse em termos de redirecionamento da ação do Estado para a ampliação da **oferta** de um precário ensino "não popular", comparativamente à Era Vargas. Esta fora voltada ao ensino técnico e popular com bom conteúdo humanístico, mas atendia apenas os **pedidos** de vagas. Fica a polêmica: essa expansão dos (precários) ginásios acadêmicos e escolas normais, na década de 50, representou um ganho ou um desvio na formação do trabalhador?

Bibliografia

BARROS, R. S. M. de (org.). *Diretrizes e bases da educação nacional*. São Paulo: Pioneira, 1960.

BEISIEGEL, C. de R. "Educação e Sociedade no Brasil após 1930". FAUSTO, B. (org.). *História Geral da Educação Brasileira*, v. 11. São Paulo: Difel, 1984.

_____. *Política e educação popular*: a teoria e a prática de Paulo Freire no Brasil. São Paulo: Ática, 1982.

_____. "Ação Política e Expansão da Rede Escolar". *Pesquisa e Planejamento*, 8 (dez. 1964): 99-198.

_____. *Estado e educação popular*: um estudo sobre a educação de adultos. São Paulo: Pioneira, 1974.

CUNHA, L. A. *A universidade crítica*: o ensino superior na República populista. Rio de Janeiro: Fr. Alves, 1983.

DOMINGUES, Ivone V. "As Construções Escolares na cidade de São Paulo". *Relatório de Iniciação Científica*. CNPq, 1993.

FÁVERO, O. *Cultura popular e educação popular*: memória dos anos 60. Rio de Janeiro: Graal, 1983.

JANNUZZI, G. M. *Confronto pedagógico*: Paulo Freire e Mobral. São Paulo: Cortez e Autores Associados, 1983.

LATTOUF, Marlene de P. "As origens do ensino municipal de São Paulo e a participação feminina". S. Paulo: FEUSP, 2001.

OLIVEIRA, Romualdo P. de. *"Educação e Sociedade na Assembléia Constituinte de 1946"*. São Paulo: FEUSP, 1990.

_____ e Penin, S.T.S. "A Educação na Constituinte de 1946". *Revista da FEUSP*, 12, 1/2 (1986): 261-288.

SAMPAIO, Regina. *Adhemar de Barros e o PSP*. São Paulo: Global, 1982.

SPÓSITO, M. *O povo vai à escola*. São Paulo: Loyola, 1985.

VILLALOBOS, J. E. R. *Diretrizes e bases da educação nacional*: ensino e liberdade. São Paulo: Pioneira/Edusp, 1969.

WEFFORT, Fr. C. "O Populismo na política brasileira". Furtado, C. (org.). Brasil: tempos modernos. Rio de Janeiro: Paz e Terra, 1968.

Capítulo 9
Da Ditadura Militar aos Nossos Dias

Alunos da EEPG Pedreira Reago, no bairro J. Fortaleza, em Guarulhos, em 1985.

Capítulo 9
DA DITADURA MILITAR
AOS NOSSOS DIAS

1. Nosso Ponto de Vista

Francisco Iglésias (p. 258) parece ter razão ao dizer que, para o país, os anos 1946-64 representam um "intervalo quase liberal" em uma história conservadora e autoritária. Este capítulo será visto nesse prisma, tomando como argumento a aceleração do processo de controle privado do ensino público, que se estende desde a década de 50 até os nossos dias: a tendência da redução da ação direta do Estado na educação em proveito das instituições privadas já era visível na política educacional do período da ditadura militar e, na atualidade, se enquadra abertamente nas diretrizes dos governos neoliberais.

2. Política Desenvolvimentista e Governo Militar

Para alguns autores, desde a Revolução de 1930 foi sendo construído no país um modelo político e econômico conhecido como **nacional-desenvolvimentista**, com base na industrialização. Pensamos, pelo que já foi colocado nos capítulos anteriores, que a aplicação desse conceito deveria ser deslocada para as décadas de 50 e 60, concordando em que o auge dele ocorreu durante a "Era JK" (1956-61). Nesses anos, como diz Francisco Iglésias (p. 270),

> tornou-se moda o chamado desenvolvimentismo, em que tudo fica em um segundo plano, mesmo o desenvolvimento social: este, no entender dos propugnadores daquele, viria como decorrência. Criou-se mesmo, em 1955, no MEC, um órgão famoso (...), o Instituto Superior de Estudos Brasileiros

(ISEB), que transformou o nacionalismo e o desenvolvimento em razão de ser de tudo.

O governo federal foi o instrumento desse processo, primeiro no governo Vargas, com base no capital **nacional**, depois, no governo Juscelino Kubitschek, com o apoio do capital **estrangeiro**. Kubitschek estimulou a vinda de empresas estrangeiras que implantaram a indústria de base (automóveis e siderúrgicas, por exemplo), promovendo a chamada "substituição de importações", embora, ao mesmo tempo, deixasse de pagar os juros da dívida externa e se negasse a recorrer ao FMI em nome de uma orientação política nacionalista liberal e democrática.

Segundo D. Saviani essa "contradição" interna entre a orientação econômica e a orientação política que marca o governo JK parecia estar sendo encaminhada nos governos seguintes, de Jânio Quadros e João Goulart, no sentido do ajustamento da política econômica ao modelo político nacionalista, com a reversão do processo de desnacionalização da economia e tentativas de abertura do mercado interno.[1] Essa linha de atuação, diz esse autor, enfrentou a oposição sistemática e, posteriormente, a prática conspiratória dos políticos da UDN, que, em nome de sua orientação liberal, queriam manter a política econômica aberta ao capital estrangeiro, em particular ao capital norte-americano cuja presença econômica e cultural vinha crescendo no país desde os anos 20. Saviani vê o golpe de 1964 sendo deflagrado sobretudo por esses políticos udenistas, que se associam aos militares, visando ajustar o modelo político ao modelo de internacionalização da economia que apoiavam.

Começava o período do governo militar, com seu regime **centralizado e coercitivo** e sua política de **desenvolvimentismo associado**, isto é, a etapa da economia embasada na indústria e dependente do capital estrangeiro. Essa orientação pode ser sintetizada na seguinte frase de um governante da época: "O povo vai mal, mas a economia brasileira vai bem", indicando que em decorrência da política dos militares e empresários em favor do monopólio econômico, ocorreria o desenvolvimento do país (o chamado "milagre econômico"), mas com base no crescimento das taxas de **concentração** de renda e na **contenção** dos movimentos sociais populares que haviam marcado a década anterior. Como disse Evaldo Vieira (1985, p. 50):

> O movimento de 1964 desenvolvia o Brasil, abrindo-o aos monopólios internacionais. Isto quer dizer que as necessidades da população brasileira se colocavam em segundo lugar, ficando em primeiro os interesses do mercado externo, dominado por estrangeiros.

---

[1] Na avaliação de Evaldo A. Vieira, Goulart procurou conciliar ideologia nacionalista e capitalismo internacional com uma política de massas ao controlar a alta do custo de vida dos trabalhadores e realizar o que foi chamado de "reformas de base" nos diferentes setores.

Nesse contexto o desenvolvimento não podia ser separado da **segurança**: de acordo com a doutrina que vinha sendo definida pela Escola Superior de Guerra, tanto a manutenção da ordem política, social e econômica vigente quanto o combate às ideologias estrangeiras – representada pela ameaça comunista que objetivaria distanciar a sociedade brasileira de seus valores morais, religiosos e culturais tradicionais – eram **fatores** do desenvolvimento. Essa instituição, fundada em fins da década de 40, funcionava como um centro de estudos sobre a segurança nacional, promovendo cursos para oficiais e civis com altos postos na estrutura de governo.

Assim, quando o aparato jurídico e legal do Estado foi ajustado à nova organização política dada pela ruptura de 1964, apresentava as seguintes características, segundo W. Germano:

- hipertrofia do Executivo;
- fortalecimento do aparelho repressor;
- ampliação da intervenção do Estado na economia em função dos interesses do capital.

No campo da educação as políticas implementadas no período segundo o enquadramento do desenvolvimentismo e da segurança nacional vão sendo realizadas sob a justificativa ideológica **liberal** de que se investia na melhoria do "capital humano", para adequar a sociedade brasileira aos patamares das exigências modernas da produção internacional.

2.1 A teoria do "capital humano" e os programas internacionais de ajuda à educação

A teoria do "capital humano" foi importada dos Estados Unidos como "diretriz de política social para países em desenvolvimento". Conheceu grande difusão aqui justamente ao longo da década de 60.

Basicamente essa teoria propõe que o processo de educação escolar seja considerado como um investimento que redunda em maior produtividade e, conseqüentemente, em melhores condições de vida para os trabalhadores e a sociedade em geral. As habilidades e os conhecimentos obtidos com a escolarização formal representam o "capital humano" de que cada trabalhador se apropria: a teoria propõe que basta investir **nesse** capital para que o desenvolvimento pessoal e social aconteça. Na década de 70 essa concepção será criticada como uma ideologia pré-capitalista, pois sendo adotada, não seria necessário pensar em mudanças estruturais mais radicais, atribuindo-se ao trabalhador assalariado – sem propriedades, sem controle dos meios de produção e do seu produto – a capacidade de capitalizar-se! Mas, na década de 60, muitas agências financiadoras internacionais, principalmente as norte-americanas, propagaram essa teoria garantindo que a conquista de graus escolares mais elevados proporcionava ascensão social. Isso lhes permitiu oferecer programas de ajuda para o Terceiro Mundo, intervindo no financiamento e na redefinição da organização escolar de vários países.

Esses programas, na verdade, beneficiavam mais os países assistentes do que os assistidos. Como mostrou Otaíza Romanelli no seu livro *História da Educação no Brasil, 1930-73*, a estratégia de ajuda internacional para o desenvolvimento da educação representava uma forma de criação ou expansão de **mercados** que favorecia os países assistentes: se fornecida na forma de capital, o investimento retorna ao país de origem; se dada na forma de bolsas de estudo, promove a "evasão de cérebros" para esses países. Quando toma a forma de divulgação de metodologias de pesquisa mais atualizadas, tende a diminuir a preocupação com a problemática do contexto da sociedade assistida e a aumentar a introdução de técnicas de ensino modernizantes. Quanto aos conteúdos a serem trabalhados, é sintomática a supervalorização das áreas tecnológicas, manifestada na predominância do treinamento específico sobre a formação geral e na gradativa perda de *status* das humanidades e das ciências sociais.

Enfim, as soluções apresentadas nesses programas envolviam, em primeiro lugar, os aspectos quantitativos do sistema escolar, buscando obter mais **rentabilidade** com maior economia de recursos; e, em segundo lugar, os aspectos qualitativos, promovendo **treinamento** de pessoal, uso de aparelhagem e reorganização curricular para formar pessoal para as empresas em expansão. Essas marcas são evidentes nas reformas de ensino desencadeadas em diversos países por atuações desse tipo de "ajuda internacional para a educação".

No caso brasileiro o apoio veio por meio dos acordos assinados entre o Ministério de Educação e Cultura e a agência norte-americana *Agency for International Development* (USAID). Entre 1964 e 1968 foram assinados 12 acordos MEC-USAID, com a finalidade de diagnosticar e solucionar problemas da educação brasileira na linha do desenvolvimento internacional baseado no "capital humano". Os assessores da USAID agiam segundo uma evidente mentalidade empresarial, que, combinada às medidas de exceção da área militar, deu as **marcas** da política educacional do período: desenvolvimentismo, produtividade, eficiência, controle e repressão. Ambas as linhas de atuação eram, assim, interdependentes, como sintetiza muito bem Romanelli:

> a mentalidade empresarial dando conteúdo ao desenvolvimento e a utilização de força garantindo a implantação do modelo (p. 218).

2.2 As reformas educacionais de 1968 e 1971

Por conta dessas marcas os acordos MEC-USAID foram tomados como diretriz das reformas educacionais **promovidas** no período pós-1964.[2] Segundo a análise de D. Saviani, as Leis nº 5.540 e nº 6.952, que reformaram, respectivamente, o ensino superior e o ensino secundário em 1968 e 1971, apresentam as seguintes características, comparativamente à Lei anterior, de nº 4.024, de 1961:

Lei nº 4.024/61	Leis nºs 5.540/68 e 5.692/71
linha liberal	linha tecnicista
autonomia do indivíduo	adaptação à sociedade
qualidade	quantidade
cultura geral	cultura profissional
ênfase nos fins (ideais)	ênfase nos meios (metodologias do tipo microensino, máquinas de ensinar, enfoque sistêmico, teleensino, ensino programado, ensino a distância e outros)

Do ponto de vista da filosofia do sistema as reformas de 1968 e 1971 **isolaram** a educação dos contextos social e político, em um processo que D. Trigueiro Mendes chamou de "desvio tecnocrático", o qual não apenas substituiu a prática da participação popular existente entre 1946-64 pelo critério da eficiência, como ainda objetivou despolitizar a sociedade pela compartimentação do trabalho: se entre os anos 50 e o início da década de 60 se concebia a cultura – produto dos grupos sociais – como elemento de transformação econômica e social do país, no pós-64 o ensino será pensado outra vez de cima para baixo, na direção **tecnicista** dada pelos interesses atendidos com os acordos MEC-USAID. Racionalidade, eficácia e produtividade são representações dos objetivos atribuídos às reformas cuja contraface, denunciada por vários autores, era a despotencialização das iniciativas dos movimentos sociais mediante a repressão.

Do ponto de vista da execução essa legislação estava assentada sobre os princípios organizacionais da grande empresa capitalista, ao recomendar, de acordo com a política econômica de concentração de rendas, a **concentração** do sistema escolar. Essa orientação provocou a contenção do sistema público, ao passo que a formação de grandes aglomerados de escolas particulares, especialmente no ensino superior, era incentivada.[3] L. A. Cunha avaliava, já em 1973, que:

---

[2] Para o governo Kubitschek, embora o primeiro a formular um planejamento global de governo no qual a educação era referida como uma das metas, não se registrou nenhuma medida concreta de ação ou proposta de reforma.

[3] O desaparecimento das pequenas escolas particulares – como as antigas escolas de comércio que proliferavam nas cidades interioranas e formaram gerações de trabalhadores dos setores do comércio e dos serviços burocráticos – e dos pequenos armazéns e quitandas, substituídos pela redes de supermercados, têm a mesma origem: a concentração do lucro nas mãos dos grandes empresários propiciada pelo Estado.

em 1964 as camadas médias receberam um prêmio, uma recompensa pelo seu apoio político às mudanças havidas: aumento intenso das vagas no ensino superior (p. 47).

O avesso desta medida de expansão implicava justamente – como mostrou muito bem esse autor em *O Golpe na Educação* – na transformação da educação, **pelo** Estado, em um grande negócio: este possibilitou aos donos de escolas privadas a **acumulação** de capital, os quais recebiam as verbas públicas que, entretanto, não eram aplicadas no ensino.

Outro aspecto dessa orientação aparece na **divisão** do trabalho pedagógico entre os especialistas da educação, os quais, pela reforma dos cursos de Pedagogia decretada em 1969, foram encarregados de aplicar e controlar as novas técnicas então adotadas.

Em atendimento a esses princípios estruturantes a reforma universitária de 1968 fez a adequação das universidades brasileiras ao projeto educacional tecnomilitar do período, de aumento da produtividade com contenção de recursos, implantando as bases de uma organização estrutural apoiada em: departamentos no lugar do regime de cátedras; cursos semestrais e sistema de créditos no lugar de cursos anuais; unidades profissionalizantes separadas das de pesquisa básica; vestibular unificado e classificatório no lugar do eliminatório, para resolver o problema dos candidatos aprovados que excediam ao número de vagas; ciclo básico; licenciaturas curtas; aumento de vagas, sobretudo nas escolas particulares; e, instituição do regime de pós-graduação.

No ensino secundário e elementar a reforma de 1971 instituiu as escolas de 1º Grau, para ministrar um curso único, seriado, obrigatório e gratuito de oito anos de duração, resultante da reunião dos antigos grupos escolares e ginásios, e definiu o 2º Grau como curso profissionalizante, para formar técnicos para as indústrias, mas com o objetivo não explícito de contenção das oportunidades educacionais, isto é, de diminuir a pressão por vagas no ensino superior. Descentralizou-se a execução do ensino, ficando os estabelecimentos escolares com a responsabilidade de propor o currículo de estudos a ser seguido em atendimento às especificidades dos alunos.

Considerando a tramitação dessas reformas, em ambos os casos o papel do Congresso Nacional foi praticamente o de referendar ou aperfeiçoar os projetos originais encaminhados pelo Executivo a partir das indicações dos técnicos norte-americanos. O anteprojeto da reforma universitária, inclusive, foi aprovado em regime de urgência, sem tempo de passar pela análise das comissões técnicas, como alertou o então deputado Mário Covas. Acresce que, desde a Constituição de 1967, deixou-se de prever dotações orçamentárias precisas para o sistema público de ensino, vinculação que voltou a ser estabelecida apenas em 1983, com a conhecida emenda Calmon.

O Poder Legislativo funcionava, assim, no período, como um reforçador do sistema autoritário, sendo sua fiel expressão. Ao homologar os planos de educação escolar propostos pelo Executivo, o Legislativo evidenciava a quem verdadeiramente representava: os militares, os tecnoburocratas e as empresas privadas. Ao facilitar a privatização do ensino secundário e superior, esses grupos impuseram a política educacional que lhes convinha, não obstante as mudanças que os textos legais imprimiram quanto à extensão da escolaridade obrigatória para oito anos de duração, como era prática nos países democráticos. Assim tem razão L.A. Cunha, quando disse (1973, p. 53), ao avaliar essas medidas, que a política dos anos 60 e 70 **não** era contingente:

> ao contrário, ela é necessária, pois sua implementação permite que o Estado não se desvie de suas diretivas de política econômica, que constituem a dimensão dominante de sua ação.

3. A(s) "Década(s) Perdida(s)"

Em relação aos aspectos econômicos, o período das décadas de 80 e 90 vem sendo chamado pelos analistas como o das "décadas perdidas", considerando-se que não houve melhoria no padrão de distribuição de renda para o todo da sociedade brasileira. Houve crescimento econômico de alguns setores, mas também um regime inflacionário permanente e um significativo processo de concentração de rendas, de propriedades, de capital e de mercado. Nos anos 90 o país cresceu menos ainda e aumentou o desemprego em relação aos anos 80: os autores concordam que o controle da inflação foi obtido em troca de uma grave crise social.

A imposição do econômico sobre o sociocultural e o predomínio do interesse privado sobre o público, marcantes desde o período da ditadura militar, levaram à manutenção ou agravamento dos problemas da educação escolar, mesmo que algumas dessas medidas, como a licenciatura curta e os ciclos básicos, no ensino superior, e a profissionalização compulsória, no secundário, não tivessem sido implantadas graças à resistência dos educadores, levando à sua revogação.

O resultado foi descrito por Romualdo P. de Oliveira (1992) como uma brutal **exclusão** social e escolar: no Brasil, em 1980, quase 60% da população era constituída de pobres (39%) e de indigentes (17%) e a **permanência** dos ingressantes no sistema escolar não se alterou de forma expressiva. A rigor, houve perda das oportunidades educacionais e rebaixamento no padrão da escolarização da população brasileira. Caiu a freqüência/permanência na escola elementar, comparativamente àquelas do período Vargas, crescendo, no entanto, quase três vezes a matrícula no superior, como ele mostrou ao acompanhar a vida escolar de três gerações de brasileiros (1929-40, 1960-71 e 1977-88), e obter os seguintes números para cada grupo de mil crianças que entravam na 1ª série e conseguiam ingressar na universidade:

1ª série	1929	1.000	1960	1.000	1977	1.000
2ª série		785		–		**533**
3ª série		443		–		**441**
4ª série		243		**232**		359
universidade	1940	24	1971	48	1988	67

Esse autor também verificou que, para a população com mais de 10 anos de idade, 56% dos brasileiros tinham mais de quatro anos de escolarização; 24% tinham entre um e quatro anos, podendo ser considerados como "analfabetos funcionais", na medida em que apesar de terem cursado até a 4ª série do 1º Grau, exibiam práticas de analfabetos; e 20% sequer completaram o primeiro ano de escola. Em vista do analfabetismo desses 44%, o primeiro problema que se apresentava à análise dos educadores à época era como erradicá-lo, ou seja, como universalizar a escolarização elementar, mas não no sentido tradicional do acesso, já garantido pela legislação da escola de oito anos, e sim no da permanência no sistema de ensino. Considerando que aqueles 20% que não finalizam o primeiro ano escolar também integram os setores mais empobrecidos da população, Oliveira conclui (p. 10) que:

> a resolução deste problema passa ao largo de qualquer política especificamente educacional, estando a exigir uma efetiva política de distribuição de renda.

Ele também identifica as **medidas** propostas nos anos 1980 e início de 1990, que procuraram eliminar ou amenizar a influência ora dos fatores extra-escolares, ora dos fatores intra-escolares que contribuía para perpetuar aquela situação. O oferecimento de merenda escolar, de transporte subsidiado, de livros didáticos e da escola de tempo integral – como os CIEPs, criados pelo governo Brizola (PDT), no Rio, entre 83 e 86 – são exemplos de serviços que foram organizados na tentativa de controlar a influência das carências **materiais** dos alunos.

Outra linha de atuação considerou o problema das diferenças **socioculturais** do alunado e o choque cultural sofrido pelas camadas populares que chegavam a uma escola pensada para as camadas médias, provocando a repetência e a evasão delas. Nos anos 80, uma das soluções levantadas foi a criação do ciclo básico de dois anos no ensino de 1º Grau, quando o governo estadual de São Paulo (PMDB), ao postergar a avaliação do processo de alfabetização – em termos de reprovação/aprovação – da 1ª para a 2ª série do ensino de 1º Grau, conseguiu manter os alunos por mais um ano na escola. Com essa medida **democrática** o aspecto político da escolarização ficava

Capítulo 9: Da Ditadura Militar aos Nossos Dias

atendido, eliminando-se o estrangulamento habitual de 50% a 60% na passagem da 1ª para a 2ª série, mas permanecia à descoberto o aspecto **pedagógico** da medida: assim, ela não foi endossada pelos professores, que a perceberam como impositiva e implicando perda de controle do processo docente. Aliás, os profissionais da educação estão atualmente enfrentando o impacto da organização de dois ciclos de quatro anos, no Ensino Fundamental, e um ciclo de três anos, no Ensino Médio, determinado pelo governo do PSDB. Outra solução foi encaminhada entre o final da década de 80 e começo da de 90 pelo governo municipal (PT) da capital paulista, que optou por procurar transformar, mediante círculos de discussão, a **atitude** dos professores sobre **seus** próprios valores e concepções do papel social da escola, na expectativa de conscientizá-los do que significa trabalhar com uma escola de massas e com outros padrões socioculturais.

Quanto à escola de 2º Grau, depois que a profissionalização compulsória foi revogada pela Lei nº 7.044/82, ocorreu uma **indefinição** desse grau (N. Piletti é mais radical: fala em desestruturação). No debate em curso havia uma polarização entre considerá-la como instituição de nível propedêutico ao superior, ou voltada para o mercado, abrindo-se ainda uma terceira vertente entre aqueles educadores que recuperavam a noção de "formação geral politécnica", englobando tanto as disciplinas humanísticas quanto os conhecimentos básicos do desenvolvimento tecnológico contemporâneo. Mas não havia consenso sobre a possibilidade de concretizar-se efetivamente a politecnia em uma sociedade capitalista como a nossa, levando a um impasse.

Um artigo de C. R. Jamil Cury e M. Alice Nogueira, publicado em meados da década de 80, expõe o outro lado da configuração educacional do período: a presença da iniciativa **empresarial** privada, visto que a Igreja Católica não fazia mais a defesa do ensino particular, desde a sua opção preferencial pelos pobres dos anos 70. Procurando dar visibilidade à constatação (pp. 66-67) de que o Estado estava sendo privatizado, no sentido não apenas de dar prioridade às atividades ligadas ao desenvolvimento do capital como ainda de assumir o *ethos* e a lógica capitalistas, esses autores analisaram o discurso dos empresários de educação a partir das suas manifestações no jornal *Educação*, publicado em Brasília pela Federação Nacional dos Estabelecimentos de Ensino (Fenen), e recolheram os argumentos que eles apresentavam em busca de legitimação de suas atividades. Quando falavam à opinião pública, os porta-vozes da organização destacavam que apoiar a escola particular significava tratar a educação como investimento e apostar na qualidade, pois ofereciam um ensino formador, personalizado, flexível etc. Quando se dirigiam ao Estado, reivindicando os recursos públicos, os argumentos incidiam sobre a defesa da escola particular como patrimônio da sociedade, seu caráter pacífico e não contestador da ordem social, seu custo-aluno mais baixo em comparação com o da rede pública, o princípio da garantia constitucional à liberdade de ensino e outros.

Em contraposição o artigo apresenta falas de conhecidos defensores da escola pública, criticando tanto a mercantilização do ensino quanto a privatização do Estado, que a possibilitava, e alertando para as armadilhas da posição privatista de liberação do Estado dos encargos educacionais em seu favor.

Mas os empresários ganharam a batalha: em 1993 Carmen S. V. Moraes e César A. Minto denunciavam que em nome do combate à falta de vagas, o governo federal continuava comprando lugares nas escolas particulares e incentivando estados e municípios a fazer o mesmo, "transferindo recursos públicos à iniciativa privada, liberando-se da responsabilidade da oferta de ensino de qualidade para todos". E completam (p. 8):

> De acordo com o ex-secretário municipal da Educação, Mário Sérgio Cortella, com o mesmo montante de recursos seria possível construir quatro salas de aula em cem escolas já existentes, o que significaria, aproximadamente, a ampliação de 52 mil vagas na escola pública.

É preciso dizer, no entanto, que as duas décadas em foco **não** foram inteiramente perdidas: para D. Saviani, a década de 80, em particular, merece ser vista sob o prisma dos ganhos em relação aos aspectos da organização e mobilização dos educadores (com a fundação de associações e sindicatos), da política educacional de interesse popular (desencadeadas no âmbito dos poderes locais democráticos) e do desenvolvimento da consciência dos professores (que abandonaram posturas de apatia ou ingenuidade identificadas nos anos de repressão).

4. A Escola Brasileira Hoje

Embora o mais recente processo de redemocratização do país tenha se iniciado há cerca de 20 anos e produzido uma nova Constituição em 5/10/1988, no que concerne à educação escolar é como se apenas tivéssemos acabado de sair da vigência das leis do período da ditadura militar, pois a nova Lei de Diretrizes e Bases da Educação (Lei nº 9.394, de 20/12/1996) teve uma longa tramitação no Congresso Nacional e começou a ser posta em execução muito recentemente, com a reformulação da legislação ordinária concernente ao sistema educacional. A uma possível permanência das marcas da escola da ditadura na organização e nas práticas da atualidade – pois sabemos que as ocorrências no plano das mentalidades se movem na temporalidade das longas durações – acresce que não é consensual que as novas medidas tenham contemplado as necessidades do todo da sociedade, uma vez que seus dispositivos autorizam uma interpretação de **reforço** do viés privatista verificável nas décadas anteriores.

Considerando as posições dos partidos políticos majoritários em relação à questão da educação escolar quando o projeto da LDB estava sendo **debatido**, um estudo de Regina V. Gracindo mostrou que se delineavam no Congresso, nesse período, três grandes blocos de representação popular que interpretavam diferentemente a defesa do ensino público e gratuito, democrático e de qualidade que todos proclamavam:

- o "invariante", composto dos partidos conservadores, como PFL, PPR, PTB e PP, interessados em manter o *status quo* e a vigência do capitalismo expropriador e que **combatiam** propostas de mudanças ou de melhorias salariais dos professores;

- o "mudancista", que englobava o PSDB, o PMDB, o PDT e o PL e propunha algumas mudanças para que o capitalismo se voltasse aos direitos sociais e à **abertura** do sistema educacional;

- o "transformador", que queria uma democracia de massas, um sistema econômico distributivo e uma escola pública voltada para as **transformações** sociais, grupo formado pelos representantes do PC do B, PT, PSB, PPS e PV.

Segundo a autora, esses grupos detinham, respectivamente, 45,2%, 44,7% e 9,9% das bancadas. Se chegassem ao poder, **tenderiam**: o grupo conservador, a uma postura liberal, garantindo prioridade à iniciativa privada; o mudancista, a abrir o sistema de ensino, com ênfase na parte técnica; e os transformadores, a defender o ensino público e gratuito em todos os níveis, aplicando as verbas públicas exclusivamente na educação pública e promovendo a qualidade do ensino no sentido da autoemancipação dos alunos.

"Invariantes" e "mudancistas" **estiveram** de fato no poder, ao longo da década de 90, o que explica a aprovação do projeto de LDB de autoria de Darcy Ribeiro-Marco Maciel, porta-vozes do Executivo, derrotando outro projeto que havia sido elaborado por entidades e associações educacionais e tramitava no Legislativo. Na visão de Carmen S. V. Moraes e César A. Minto, ao permitir, entre outros pontos, a alocação de recursos públicos para instituições privadas mediantes subvenções, doações e cooperação financeira, resultante de convênios com entidades públicas, "o projeto do senador Darcy Ribeiro – ao contrário do projeto votado na Câmara que [expressava] algumas importantes conquistas democráticas – representa um profundo retrocesso político e pedagógico na organização da educação escolar brasileira" (p. 13).

Na atualidade aqueles grupos **continuam** a compor a maioria da representação no Congresso Nacional e a controlar os órgãos do Poder Executivo. A aliança entre eles explica, de um lado, o fisiologismo, o clientelismo e a corrupção que marcam a política nacional, contrariando os interesses populares; de outro, o fato de terem acentuado a orientação **neoliberal**, identificada pela privatização do público. Como explica S. L. Vieira (pp. 27, 34):

> O advento do neoliberalismo no Brasil, como no restante do mundo, ocorre na esteira do questionamento do papel do Estado como instância-chave no processo produtivo.
>
> (...) à mediação da intervenção estatal até então encarada como mecanismo para evitar crises econômicas, a crítica liberal vai opor o argumento de que precisamente por este intervencionismo a economia entra em crise.

Este ponto em que o Estado deixa de atuar diretamente e ingressa no ciclo de privatização corresponde às manifestações do setor privado por ocasião da elaboração da Constituição de 1988 e ao governo Collor.

Pelo entendimento neoliberal, o Estado passa a **delegar** ao setor privado a maior parte de suas obrigações, de maneira tal que os interesses do mercado **definem** os objetivos, as instituições e os valores da sociedade. Para a educação isso significa que o desejo instituinte das camadas populares de ter acesso e sucesso na educação formal está sendo contrariado nos aspectos dos objetivos (formação profissional *versus* formação crítica ou para a cidadania), da organização institucional (ensino de grupos particulares *versus* ensino leigo e público) e dos valores (competitividade e individualidade *versus* cooperação e solidariedade). Esse posicionamento, que pôde ser identificado por ocasião da discussão da LDB aprovada em 1961 e durante o regime militar, e como vimos acima, era defendido pelos empresários do ensino nos anos 80, é hoje em dia endossado abertamente pelo governo dos "invariantes" e "mudancistas", que se pautam em suas políticas educacionais pela agenda privatista de organismos internacionais, como o FMI, o Banco Mundial e o BID: o pensamento neoliberal tem como pontos centrais, segundo S. L. Vieira, a privatização e a crítica ao Estado-empreendedor e a aceitação da concepção do Estado mínimo.

Como diz esta autora, a dimensão trágica que assume essa orientação, no caso da sociedade brasileira, é que o Estado está se ausentando de esferas de atuação – como educação e saúde –, nas quais **ainda** não foi, sequer, capaz de universalizar serviços básicos[4] para o conjunto de sua população, ou seja, o que a sociedade brasileira pre-

---

[4] Segundo Moraes e Minto (p. 7), em 1992, o IBGE indicava a taxa de analfabetismo no país: 19,6%.

cisa é justamente do contrário: investir mais e melhor nas políticas sociais. Em lugar de defender a privatização, é necessário reformar o Estado para que ele assuma as funções – que legitimam a sua existência – de provedor de bens públicos.

Ora, a política do Executivo na última década tem sido a de reformar o Estado sim, mas para torná-lo mais dinâmico, eficiente e moderno nos termos da agenda neoliberal (ou seja, fazendo as reformas previdenciária, fiscal, administrativa) e à custa das necessidades da área social:

> O Estado delega ao setor privado a maior parte de suas obrigações e retém somente aquelas de tipo assistencial para os setores cujo poder aquisitivo não lhes permite pagar por um serviço necessário. A noção de direito à saúde, moradia e educação perde assim seu sentido global. Em lugar de os cidadãos reclamarem um direito, estabelece-se, como se fosse "normal", que eles "comprem" serviços. Aqueles que não podem comprá-los devem conformar-se com uma ação assistencial do Estado, que se limita a dar o mínimo necessário (e freqüentemente, bem abaixo do mínimo requerido) para manter os níveis de subsistência e funcionamento degradado dessa parcela da população.[5]

No setor da educação a legislação ordinária construída a partir da Constituição e da LDB oferece bons exemplos.[6] O primeiro refere-se ao encaminhamento dado ao ensino profissional de nível médio: a sua função precípua foi definida por ato do governo (Decreto nº 2.208, de 17/4/1997) como formação para atividades produtivas, mas os analistas não apenas criticaram a sua estruturação em separado (de novo) da formação regular acadêmica, como denunciaram a organização por módulos que foi adotada no curso como adequada para fins de treinamento. O outro exemplo vem do ensino superior, no qual a proposta de autonomia universitária do MEC (PEC nº 370/1996) traz embutida a privatização do ensino superior e a sua divisão em instituições de pesquisa e de ensino: ao conceituar as universidades públicas como "organizações sociais", isto é, entidades prestadoras de serviços à sociedade (Lei nº 9.637, de 15/5/1998), e não como órgãos de responsabilidade do Poder Público, aquele documento dá andamento ao projeto neoliberal cuja doutrina designa o não-estatal – o **privado** – como público.

---

[5] Emília Ferreiro, reproduzida de S. L. Vieira, pp. 35-36.

[6] Retirados de M. Z. Borba Rocha, mas com sentido invertido ao dela, uma vez que a posição geral dessa autora é que o governo atual não está reduzindo suas funções sociais, já que o Estado brasileiro nunca garantiu os níveis médio e superior como obrigatórios e gratuitos (p. 97).

Isso quer dizer que o mercado está decidindo os rumos da educação nacional, segundo os **seus** próprios critérios, os quais já foram denunciados exaustivamente como não representativos dos interesses gerais da nação.

Bibliografia

BEISIEGEL, C. *Estado e educação popular*. São Paulo: Pioneira, 1974.

_____. *Política e educação popular*: a teoria e a prática de Paulo Freire no Brasil. São Paulo: Ática, 1982.

CUNHA, L. A. *A universidade reformada*: o golpe de 1964 e a modernização do ensino superior. Niterói: UFF, 1985.

_____. "O 'Milagre brasileiro' e a política educacional". *Argumento*, 2 (nov. 1973): 45-54.

_____ e GÓES, M. de. *O golpe na educação*. 5ª ed. Rio de Janeiro: J. Zahar, 1988.

_____. "O 'modelo alemão' e o ensino brasileiro". Garcia, W. E. (org.). *Educação brasileira contemporânea*: organização e funcionamento. 3ª ed. Rio de Janeiro: Mc Graw-Hill do Brasil, 1981.

CURY, C. R. Jamil e NOGUEIRA, M. Alice. "O atual discurso dos protagonistas das redes de ensino". Cunha, L.A. (org.). *Escola pública, escola particular e a democratização do ensino*. São Paulo: Cortez, 1985.

FÁVERO, M. de L. "Da universidade 'modernizada' à universidade 'disciplinada': Atcon e Meira Mattos". *Educação e Sociedade*, 30 (1988): 87-133.

GERMANO, J. W. *Estado militar e educação no Brasil, 1964-85*. 2ª ed. São Paulo: Cortez/EdUnicamp, 1994.

GRACINDO, Regina V. "Concepção de educação dos partidos políticos: o caso do ensino fundamental público, democrático e de qualidade". São Paulo: FFL-CHUSP, 1993.

IGLESIAS, Fr. *Trajetória política do Brasil, 1500-1964*. São Paulo: Companhia das Letras, 1993.

MORAES, C. S. V. e MINTO, César A. "Políticas governamentais para a educação em tempos de neoliberalismo". *Cadernos Adusp*, 1 (São Paulo) (1993): 7-15.

OLIVEIRA, R. P. de. "Política educacional no Brasil: alguns desafios dos anos 90". *Revista da FEUSP*, 18,1 (1992): 5-20.

PILETTI, N. *Ensino de 2º Grau*: educação geral ou profissionalizante? São Paulo: EPU, 1988.

ROCHA, M. Z. Borba. "Reforma do Estado – Reformas Educacionais: uma perspectiva macro das políticas públicas educacionais do Governo Fernando Henrique Cardoso". *Política comparada*, III, 1 (1999): 71-101.

ROMANELLI, O. *História da educação no Brasil, 1930-73*. Petrópolis: Vozes, 1978.

SAVIANI, D. "Análise crítica da organização escolar brasileira através das leis 5540/68 e 5692/71". Garcia, W. E. (org.). *Educação brasileira contemporânea*: organização e funcionamento. 3ª ed. Rio de Janeiro: McGraw-Hill do Brasil, 1981.

_____. "Os ganhos da década perdida". *Presença Pedagógica* (nov./dez. 1995): 51-61.

VIEIRA, Evaldo A. *Estado e miséria social no Brasil*: de Getúlio a Geisel. 3ª ed. São Paulo: Cortez, 1987.

_____. *A República Brasileira, 1964-84*. São Paulo: Moderna, 1985.

VIEIRA, S. L. "Neo-liberalismo, privatização e educação no Brasil". Oliveira, R. P. de. (org.) *Políticas educacionais no Brasil – impasses e alternativas*. São Paulo: Cortez, 1995.

Créditos das Ilustrações

Capítulo 1: REIS FILHO, Nestor Goulart. *Contribuição ao Estudo da Evolução Urbana do Brasil (1500-1720)*. São Paulo: Pioneira/Edusp, 1968. Figura 24.

Capítulo 2: *Jornal de Bellas Artes ou Mnemósine Lusitana*, nº XXVI, no ano de 1817. Biblioteca Nacional, Lisboa.

Capítulo 3: Fotografia de Fernando Guerra, gentilmente cedida pelo Museu da Ciência/Coimbra.

Capítulo 4: MARINHO, I. e INNECO, L. *O Colégio Pedro II Cem Anos Depois*. Rio de Janeiro: Villas Boas & Cia, 1938.

Capítulo 5: DELGADO REIS, M. Cândida (org.). *Caetano de Campos: Fragmentos da História da Instrução Pública no Estado de São Paulo*. São Paulo: Associação dos Ex-alunos do IECC, 1994, p. 48.

Capítulo 6: FERREIRA, M. Nazareth. *A Imprensa Operária no Brasil (1880-1920)*. Petrópolis: Vozes, 1978.

Capítulo 7: GUEDES DE CAMARGO, M. Ap. J. *Coisas Velhas: Um Percurso de Investigação sobre Cultura Escolar (1928-1958)*. São Paulo: Edunesp, 2000, figura 12.

Capítulo 8: "As arquiteturas do Convênio Escolar". *Revista Habitat*, 4 (s/d), p. 22.

Capítulo 9: SOUZA LIMA, M. W. (coord.). *Espaços Educativos: Uso e Construção*. Brasília: MEC/CEDATE, 1988, capa.